The LITTLE BLACK SONGBOOK

ELVIS

ISBN: 978-1-84772-500-4

EXCLUSIVELY DISTRIBUTED BY

For all works contained herein:
Unauthorized copying, arranging, adapting, recording, Internet posting, public performance,
or other distribution of the music in this publication is an infringement of copyright.
Infringers are liable under the law.

Visit Hal Leonard Online at
www.halleonard.com

World headquarters, contact:
Hal Leonard
7777 West Bluemound Road
Milwaukee, WI 53213
Email: info@halleonard.com

In Europe, contact:
Hal Leonard Europe Limited
1 Red Place
London, W1K 6PL
Email: info@halleonardeurope.com

In Australia, contact:
Hal Leonard Australia Pty. Ltd.
4 Lentara Court
Cheltenham, Victoria, 3192 Australia
Email: info@halleonard.com.au

Ain't That Loving You Baby...4
All Shook Up...6
Always On My Mind...8
An American Trilogy...10
Are You Lonesome Tonight?...12
A Big Hunk O' Love...14
Blue Christmas...40
Blue Suede Shoes...16
Bossa Nova Baby...18
Burning Love...20
Can't Help Falling In Love...22
Clean Up Your Own Backyard...24
Crying In The Chapel...26
Don't...28
Don't Be Cruel...30
Don't Cry Daddy...32
A Fool Such As I...34
The Girl Of My Best Friend...36
Good Luck Charm...38
Got A Lot Of Livin' To Do...41
Guitar Man...44
Hard Headed Woman...50
Heartbreak Hotel...52
Hound Dog...54
I Forgot To Remember To Forget...56
I Got Stung...58
I Just Can't Help Believin'...47
I Need Your Love Tonight...62
I Want You, I Need You, I Love You...64
I'm Left, You're Right, She's Gone...66
If I Can Dream...68
In The Ghetto...70
Indescribably Blue...60
It's Now Or Never...72
Jailhouse Rock...74
Kentucky Rain...76
King Creole...78
Kissin' Cousins...80
Lawdy Miss Clawdy...82
(Let Me Be Your) Teddy Bear...84
A Little Less Conversation...86

Little Sister...88
Love Letters...61
Love Me...92
Love Me Tender...90
Loving You...93
(Marie's The Name) His Latest Flame...98
A Mess Of Blues...100
Moody Blue...102
My Boy...104
Mystery Train...106
One Broken Heart For Sale...94
One Night...108
Paralyzed...110
Party...112
The Promised Land...95
Rags To Riches...114
Return To Sender...116
Rock-A-Hula Baby...118
Rubberneckin'...120
Santa Claus Is Back In Town...122
She's Not You...124
Stuck On You...126
Surrender...128
Suspicion...130
Suspicious Minds...132
Tell Me Why...115
That's All Right...134
There Goes My Everything...136
Too Much...138
Treat Me Nice...140
Trouble...142
Trying To Get To You...144
U.S. Male...146
Viva Las Vegas...148
Way Down...150
Wear My Ring Around Your Neck...152
Wild In The Country...160
The Wonder Of You...154
Wooden Heart...156
(You're The) Devil In Disguise...158

Ain't That Loving You Baby

Words & Music by
Ivory Joe Hunter & Clyde Otis

Verse 1

     E
I could ride around the world in an old oxcart,

And never let another girl thrill my heart.
  A
Ain't that loving you baby?
  E
Ain't that loving you baby?
  B7   **A**
Ain't that loving you baby?
              E
Ain't that loving you so?

Verse 2

     E
I could meet a hundred girls and have loads of fun,

My huggin' and my kissin' belong to just one.
  A
Ain't that loving you baby?
  E
Ain't that loving you baby?
  B7   **A**
Ain't that loving you baby?
              E
Ain't that loving you so?

Solo 1

| E | E | E | E |
| A | A | E | E |
| B7 | A | E | E ‖

Verse 3   E
If they gave me nine lives like an alley cat,

I'd give 'em all to you and never take one back.

A
Ain't that loving you baby?
E
Ain't that loving you baby?
B7
Ain't that loving you baby?
E
Ain't that loving you so?

Solo 2

E	E	E	E
A	A	E	E
B7	A	E	E

Verse 4   E
I'm putting on my Sunday suit and I'm goin' downtown,

But I'll be kissin' your lips before the sun goes down.

A
Ain't that loving you baby?
E
Ain't that loving you baby?
B7
Ain't that loving you baby?
E
Ain't that loving you so?
B7   A
Ain't that loving you baby?
E
Ain't that loving you so?

All Shook Up

Words & Music by
Otis Blackwell & Elvis Presley

A   B♭   E♭   F7

Intro A | B♭   A | B♭   A | B♭   A | B♭

Verse 1
    A   B♭   A   B♭
Well bless my soul what's wrong with me?
  A   B♭   A   B♭
I'm itching like a man on a fuzzy tree,
  A   B♭   A   B♭
My friends say I'm acting wild as a bug,
        N.C.
I'm in love: I'm all shook up.
    E♭   F7   B♭
Uh-huh-huh, uh-huh, yeah, yeah, yeah.

Verse 2
    A   B♭   A   B♭
Well my hands are shaking and my knees are weak,
A   B♭   A   B♭
I can't seem to stand on my own two feet.
A   B♭   A   B♭
  Who do you think when you have such luck?
       N.C.
I'm in love: I'm all shook up.
    E♭   F7   B♭
Uh-huh-huh, uh-huh, yeah, yeah, yeah.

Bridge 1
    E♭
Well please don't ask me what's on my mind,
  B♭
I'm a little mixed up but I feel fine.
    E♭
Well I met a girl that I love best,
  F7   N.C.
My heart beats so that it scares me to death.

Verse 3

     A   **B♭**   **A** **B♭**
When she touch my hand, what a chill I got,

A   **B♭**   **A** **B♭**
Her lips are like a vol - cano that's hot,

A   **B♭**   **A** **B♭**
I'm proud to say she's my buttercup.

            N.C.
I'm in love: I'm all shook up.

        E♭   **F7**   **B♭**
Uh-huh-huh, uh-huh, yeah, yeah, yeah.

Bridge 2

  E♭
My tongue gets tired when I try to speak,

  B♭
My insides shake like a leaf on a tree,

  E♭
There's only one cure for this body of mine,

  F7   **N.C.**
That's to have that girl and a love so fine.

Verse 4

As Verse 3

  E♭   **F**   **B♭**
Uh-huh-huh, uh-huh, yeah, yeah, yeah.

  E♭   **F**   **B♭**
Uh-huh-huh, uh-huh, yeah, yeah,

I'm all shook up.

Always On My Mind

Words & Music by
Mark James, Wayne Thompson & Johnny Christopher

[Chords: G, D/F#, Em, Em7, C, D, A7, G/B, Am7, C/E]

Intro | G | G ||

Verse 1
G   D/F#   Em   Em7   C   D
  Maybe I didn't treat you quite as good as I should have.
G   D/F#   Em   Em7   A7
  Maybe I didn't love you   quite as often as I could have.
C   G/B
  Little things I should have said and done,
C   G/B   Am7
  I just never took the time.
D   C/E   D/F# G
  You were always on my mind,
          Am7   G/B   C
  (You were always on my mind,)
          D   G   C   D
  You were always on my mind.

Verse 2
G   D/F#   Em   Em7   C   D
  Maybe I didn't hold you all those lonely, lonely times,
G   D/F#   Em   Em7   A7
  And I guess I never told you I'm so happy that you're mine.
C   G/B
  If I made you feel second best,
C   G/B   Am7
  Girl I'm so sorry I was blind.
D   C/E   D/F# G
  You were always on my mind,
          Am7   G/B   C
  (You were always on my mind,)
          D   G   C   D
  You were always on my mind.

© Copyright 1971 (Renewed 1979) Sebanine Music Incorporated/Budde Songs Incorporated, USA.
Screen Gems-EMI Music Limited (75%)/Chelsea Music Publishing Company Limited (25%).
All Rights Reserved. International Copyright Secured.

Bridge

G   D/F#   Em   Em7
Tell ____ me,

C   G/B   Am7   D
Tell me that your sweet love hasn't died.

G   D/F#   Em   Em7
Give ____ me,

         C   G/B   Am7   D
Give me one more chance to keep you satisfied,

Satis - (fied.)

Solo

| G | D/F# | Em   Em7 | A7 ||

-fied.

Verse 3

C   G/B
  Little things I should have said and done,

C   G/B   Am7
  I just never took the time.

D   C/E   D/F#   G
  You were always on my mind,

        Am7   G/B   C
(You were always on my mind,)

                      D
You were always on my mind. ____

Link

| G   D/F# | Em   Em7 | C   G/B | Am7   D |

N.C.   G
You were always on my mind.

Coda

G   D/F#   Em   Em7   C   D
  Maybe I didn't treat you quite as good as I should have.

G   D/F#   Em   Em7   C
  Maybe I didn't love you quite as often as I could have.

G   D/F#   Em   Em7   C   D
  Maybe I didn't hold you all those lonely, lonely times,

G   D/F#   Em   Em7   A7
  And I guess I never told you I'm so happy that you're mine.

G   D/F#   Em   Em7   C   D
  Maybe I didn't treat you quite as good as I should have.

An American Trilogy

Words & Music:
Traditional, arr. Mickey Newbury

| C | C/E | F | D♯dim | C/G | Am | Dm7 | Dm7/G |
| Csus4 | C7 | D7 | G | E7 | Gm7 | G/B | C7/E |

Intro | C | C ||

Verse 1
        C   **C/E**
Oh I wish I was in the land of cotton,
F   **D♯dim**
  Old times they are not forgotten.
    C/G   **Am**
Look away, look away,
       Dm7 Dm7/G **C**   **Csus4 C**
Look away   Dixie - land.

Verse 2
         C   **C7**   **F**   **D7** **Dm7/G** **G**
Oh I wish I was in Dixie, away, away. _____
  C   **C7**   **F**
In Dixieland I'll take my stand
  C   **Dm7**   **G7**
To live and die in Dixie.
     C   **C/E**
For Dixieland,   that's where I was born
F   **D♯dim**
  Early, Lord, one frosty morn.
    C/G   **Am**
Look away, look away,
       Dm7 Dm7/G **C**   **Csus4 C**
Look away   Dixie - land.

© Copyright 1971 Sony/ATV Acuff Rose Music.
Sony/ATV Music Publishing (UK) Limited.
All Rights Reserved. International Copyright Secured.

Chorus 1

      C   C/E
Glory, glory hallelujah,
F   C
  Glory, glory hallelujah,
       E7   Am G F
Glory, glory hallelu - - jah,
    Dm7   Dm7/G   G Am G F
His truth is march - ing on. ____

Link | Dm7 Dm7/G | C | C ||

Verse 3

   C
So hush, little baby
         Gm7
Don't you cry.
   C   G/B Am
You know your daddy's
G   F
  Bound to die,
    C Am   Dm7   Dm7/G G
But all ___ my trials, Lord will   soon be (over.)

Flute solo | C | C7/E | F | D♯dim |
over.

               | C/G | Am7 | Dm7/G G | C | C ||

Orchestra | C | C | C | C C/E | F | C | C ||

Chorus 2

C   E7   Am G F
Glory, glory hallelu - - jah,
   Dm7   Dm7/G G Am G F
His truth is march - ing on, ____
   Dm7   Dm7/G G   C
His truth is march - ing on. ____

Are You Lonesome Tonight?

Words & Music by
Roy Turk & Lou Handman

Dm7	G7	C	Em	Am	C7	F	D7

Intro | Dm7 | G7 | C | G7 ‖

Verse 1
        C   Em
Are you lonesome tonight?
        Am
Do you miss me tonight?
      C7   F
Are you sorry we drifted apart?
      G7
Does your memory stray

To a bright summer day
                               C
When I kissed you and called you sweetheart?
  C7   F
Do the chairs in your parlour seem empty and bare?
    D7   Dm7   G7
Do you gaze at your doorstep and picture me there?
  C   Em
Is your heart filled with pain?
  D7
Shall I come back again?
      Dm7   G7   C   G7
Tell me dear are you lonesome tonight.

Monologue
  C   Em   Am
I wonder if you're lonesome tonight.

You know someone said "The world's a stage
  C7
And each must play a part…"

cont.
          F
Fate had me playing in love with you as my sweetheart.

Act One was where we met,
G7
I loved you at first glance.

You read your lines so cleverly and never missed a cue.

Then came Act Two:

You seemed to change, you acted strange
C
And why I've never known.
C7
Honey you lied when you said you loved me
F
  And I had no cause to doubt you,
D7
  But I'd rather go on hearing your lies
Dm7   **G7**
  Than to go on living without you.
C   **Em**
  Now the stage is   bare and I'm standing there
D7
  With emptiness all around.
Dm7
  And if you won't come back to me
G7   **C**   **G7**
  Then they can bring the curtain down.

Coda
      C   **Em**
Is your heart filled with pain?
D7
Shall I come back again?
    Dm7   **G7**   **C**
Tell me dear are you lonesome tonight?

A Big Hunk O' Love

Words & Music by
Aaron Schroeder & Sid Wyche

Intro | C | C | C | C ||

Chorus 1
        C
Hey baby, I ain't askin' much of you,
                    F
No no no no no no no no, baby,
               C
I ain't askin' much of you,
    G7   F   C
Just a big-a-big-a-big-a-hunk o' love will do.

Verse 1
N.C.
Don't be a stingy little mama,

You're about to starve me half to death,

Now you could spare a kiss or two

And still have plenty left.

Chorus 2
N.C.   **F**
Oh no no, baby,
               C
I ain't askin' much of you,
    G7   F   C
Just a big-a-big-a-big-a-hunk o' love will do.

That's right!

Solo | C | C | C | C | F | F |
       | C | C | G7 | F | C | C ||

© Copyright 1959 Elvis Presley Music/Rachel's Own Music, USA.
Carlin Music Corporation (50%)/Minder Music Limited (50%).
All Rights Reserved. International Copyright Secured.

Verse 2

N.C.
You're just a natural-born beehive

Filled with honey to the top,

But I ain't greedy baby,

All I want is all you've got.

Chorus 3

N.C.   **F**
Oh no no, baby,

              C
I ain't askin' much of you,

   G7   **F**   **C**
Just a big-a-big-a-big-a-hunk o' love will do.

Solo

| C | C | C | C | F | F |
| C | C | G7 | F | C | C |

Verse 3

N.C.
I got a wishbone in my pocket,

I got a rabbit's foot 'round my wrist

And I'd have everything my lucky charms could bring

If you give me just one sweet kiss.

Chorus 4

N.C.   **F**
Oh, no no no no no no, baby,

             C
I ain't askin' much of you,

   G7   **F**   **C**
Just a big-a-big-a-big-a-hunk o' love will do.

That's right!

Coda

      G7   **F**   **C**
‖: Just a big-a-big-a-big-a-hunk o' love will do,

That's right! :‖   *Repeat to fade*

Blue Suede Shoes

Words & Music by
Carl Lee Perkins

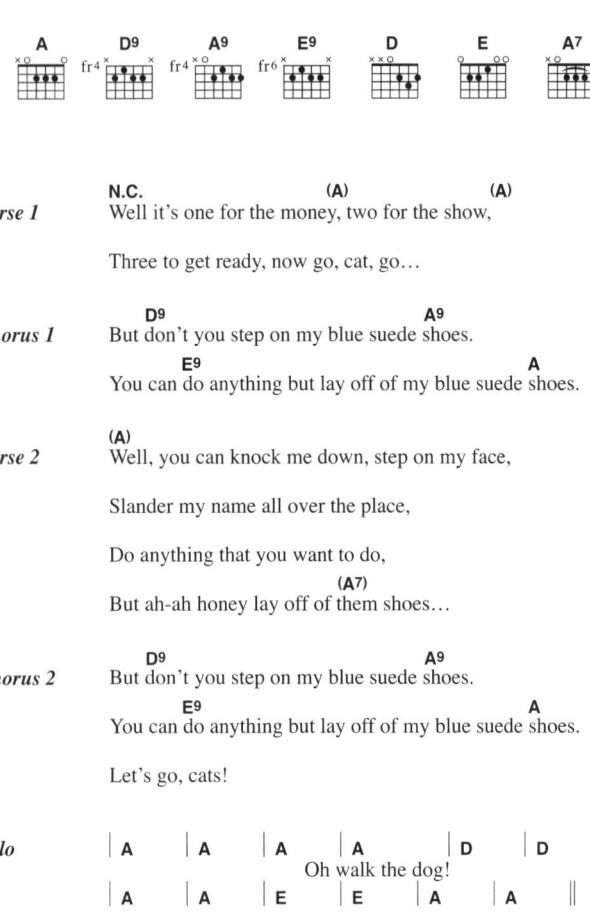

	N.C. **(A)** **(A)**

Verse 1   Well it's one for the money, two for the show,

                        Three to get ready, now go, cat, go…

                        D9   **A9**

Chorus 1 But don't you step on my blue suede shoes.

                        E9   **A**

                        You can do anything but lay off of my blue suede shoes.

                        (A)

Verse 2   Well, you can knock me down, step on my face,

                        Slander my name all over the place,

                        Do anything that you want to do,

                                          (A7)

                        But ah-ah honey lay off of them shoes…

                        D9   **A9**

Chorus 2 But don't you step on my blue suede shoes.

                        E9   **A**

                        You can do anything but lay off of my blue suede shoes.

                        Let's go, cats!

Solo | A | A | A | A | D | D |
                                             Oh walk the dog!

        | A | A | E | E | A | A ||

© Copyright 1955 Carl Perkins Music Incorporated, USA.
MPL Communications Limited.
All Rights Reserved. International Copyright Secured.

Verse 3

(A)
You can burn my house, steal my car,

Drink my liquor from an old fruit jar.

Well do anything that you want to do,
(A7)
But ah-ah honey lay off of my shoes…

Chorus 3

D9   **A9**
But don't you step on my blue suede shoes.
E9   **A**
You can do anything but lay off of my blue suede shoes.

Rock it!

Solo

| A | A | A | A | D | D |
| A | A | E | E | A | A ||

Verse 4

(A)
Well it's one for the money, two for the show,

Three to get ready, now go, go, go.

Chorus 4

D9   **A9**
But don't you step on my blue suede shoes.
E9   **A**
You can do anything but lay off of my blue suede shoes.

Coda

A
Well it's blue, blue, blue suede shoes,

Blue, blue, blue suede shoes, yeah!
D
Blue, blue, blue suede shoes, baby!
A
Blue, blue, blue suede shoes,
E   **A**
Well you can do anything but lay off of my blue suede shoes.

Bossa Nova Baby

Words & Music by
Jerry Leiber & Mike Stoller

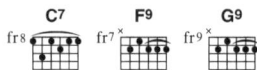

Intro | C7 | C7 | C7 | C7 ||

Verse 1
C7
I said: "Take it easy, baby I worked all day

And my feet feel just like lead,

You got my shirt-tails flyin' all over the place

And the sweat poppin' out of my head."
F9
She said: "Hey, Bossa Nova, baby keep on a workin'

For this ain't no time to quit."
C7
She said: "Go, Bossa Nova, baby keep on dancin'

I'm about to have myself a fit."

Bossa Nova, Bossa Nova.

Link 1 | C7 | F9 | G9 | C7 ||

Verse 2
C7
I said: "Hey little mama, let's sit down,

Have a drink and dig the band."

She said: "Drink, drink, drink, oh fiddle-de-dink

I can dance with a drink in my hand."

© Copyright 1963 Elvis Presley Music, USA.
Carlin Music Corporation.
All Rights Reserved. International Copyright Secured.

cont.   **F9**
She said: "Hey Bossa Nova, baby keep on workin'

For this ain't no time to drink."
        C7
She said: "Go, Bossa Nova, baby keep on dancin'

'Cause I ain't got time to think."

Bossa Nova, Bossa Nova.

Link 2 | C7 | F9 | G9 | C7   ‖

Instr.   ‖: C7 | C7 | C7 | C7   :‖

           | F9 | F9 | F9 | F9 |

           | C7 | C7 | C7 | C7   ‖

C7
Verse 3 I said: "Come on, baby, it's hot in here and it's oh so cool outside

If you lend me a dollar, I can buy some gas

And we can go for a little ride."
        F9
She said: "Hey Bossa Nova, baby keep on workin'

For I ain't got time for that."
        C7
She said: "Go Bossa Nova, baby keep on dancin'

Or I'll find myself another cat."

Bossa Nova, Bossa Nova.

Link 3 | C7 | F9 | G9 | C7   ‖

        C7   **F9** **G9** **C7**
Outro ‖: Bossa Nova, Bossa Nova.   :‖ *Repeat to fade*

Burning Love

Words & Music by
Dennis Linde

[Chord diagrams: D, Dsus4, G, A, Bm]

Intro | D Dsus4 D | D Dsus4 D | D Dsus4 D | D Dsus4 D ||

Verse 1
    D   G   A   D
Lord Almighty, I feel my temperature rising
                   G   A   D
Higher and higher, it's burning through my soul.
                G   A   D
Girl, girl, girl, girl, you're gonna set me on fire,
          G   A   D
My brain is flaming, I don't know which way to go, yeah.

Chorus 1
    Bm   A   G
Your kisses lift me higher,
         Bm   A G
Like the sweet song of a choir.
   Bm   A   G
You light my morning sky
 A   D Dsus4 D | D Dsus4 D ||
With burning love.

Verse 2
    D   G   A   D
Ooh ooh ooh ooh, I feel my temperature rising,
              G   A   D
Help me I'm flaming, I must be one hundred and nine.
             G   A   D
Burning, burning, burning and nothing can cool me, yeah,
         G   A   D
I just might turn to smoke but I feel fine.

Chorus 2 As Chorus 1

© Copyright 1972 Sony/ATV Songs LLC, USA.
Sony/ATV Music Publishing (UK) Limited.
All Rights Reserved. International Copyright Secured.

Solo

Bm	A	G
Ah, ah, ah,

Bm	A	G
Ah, ah, ah,

Bm	A	G
Ah, ah, ah,

A**D**
Burning love.

Verse 3

D   **G**   **A**   **D**
It's coming closer, the flames are now licking my body,

                      G   **A**   **D**
Won't you help me, I feel like I'm slipping away.

                G   **A**   **D**
It's hard to breathe, my chest is a-heaving,

                    G   **A**   **D**
Lord have mercy, I'm burning the whole wild day.

Chorus 3

    Bm **A**   **G**
Your kisses lift me higher,

         Bm   **A** **G**
Like the sweet song of a choir.

   Bm   **A**   **G**
You light my morning sky

   A   **D** **G**
With burning love.

Coda

(G)   **D**   **G**
Burning love, (burning love,)

        D   **G**
𝄆 I'm just a hunk-a-hunk of burning love. 𝄇   *Repeat to fade*

Can't Help Falling In Love

Words & Music by
George David Weiss, Hugo Peretti & Luigi Creatore

| D | A | F#m | Bm | Bm/A | G |
| D/F# | A7 | D/A | C#7 fr4 | Em | B |

Intro | D A | D A ||

Verse 1
    D F#m Bm
Wise men say
  Bm/A   G   D/F# A7
Only fools rush in
     G A   Bm
But I   can't help
  G   D/A A7 D
Falling in love with you.

Verse 2
    D   F#m Bm
Shall I   stay,
  Bm/A   G   D/F# A7
Would it be a   sin,
     G A   Bm G   D/A A7 D
If I   can't help falling in love with you?

Bridge 1
F#m   C#7
Like a river flows
F#m   C#7
 Surely to the sea,
F#m   C#7
Darling so it goes:
F#m   B   Em A7
Some things are meant to be.

© Copyright 1961 Gladys Music Incorporated, USA.
Manor Music Company Limited.
All Rights Reserved. International Copyright Secured.

Verse 3
    D   F♯m Bm
Take my   hand,
Bm/A   G   D/F♯ A7
Take my whole life   too,
    G A   Bm G   D/A A7 D
For I   can't help falling in love with you.

Bridge 2
F♯m   C♯7
Like a river flows
F♯m   C♯7
 Surely to the sea,
F♯m   C♯7
Darling so it goes:
F♯m   B   Em A7
Some things   are meant to be.

Verse 4
    D   F♯m Bm
Take my   hand,
Bm/A   G   D/F♯ A7
Take my whole life too,
    G A   Bm G   D/A A7 D
For I   can't help falling in love with you,
    G A   Bm G   D/A A7 D
For I   can't help falling in love with you.

Clean Up Your Own Backyard

Words & Music by
Billy Strange & Scott Davis

	E7	A	B7

Intro | E7 | E7 | E7 | E7 ||

Verse 1
    E7
Back porch preacher preaching at me,

Acting like he wrote the golden rules.
A
Shaking his fist and speeching at me,
E7
Shouting from his soapbox like a fool.
    B7
Come Sunday morning he's lying in bed
    A
With his eyes all red from the wine in his head,

Wishing he was dead when he oughta be heading
      E7   **A** **E7**
For Sunday school.

Chorus 1
E7   **A**
Clean up your own back - yard,
                            E7
Oh, don't you hand me none of your lines.
    B7
Clean up your own backyard,
A   **E7**   **A** **E7 B7**
You tend to your business, I'll tend to mine.

Verse 2
E7
Drugstore cowboy criticizing,

Acting like he's better than you and me.
A
Standing on the sidewalk supervising,

© Copyright 1969 Gladys Music Incorporated, USA.
Carlin Music Corporation.
All Rights Reserved. International Copyright Secured.

cont.
    E7
Telling everybody how they ought to be.
    B7
Come closing time 'most every night,
   A
He locks up tight and out go the lights,

And he ducks out of sight and he cheats on his wife
              E7 **A** **E7**
With his employ - ee.

Chorus 2   As Chorus 1

Link 1 | **E7** | **E7** ||

Verse 3
E7
Armchair quarterback's always moanin',

Second guessing people all day long.
A
Pushing, fooling and hanging on in,
E7
Always messing where they don't belong.
    B7
When you get right down to the nitty-gritty,
A
Isn't it a pity that in this big city

Not a one a'little bitty man'll admit he could have been
    E7   **A** **E7**
A little bit wrong.

Chorus 3
E7   **A**
Clean up your own back - yard,
                                      E7
Oh, don't you hand me, don't you hand me none of your lines.
   B7
Clean up your own backyard,
A   **E7** **A** **E7**
You tend to your business, I'll tend to mine.
   B7
Clean up your own backyard,
A   **E7**
You tend to your business, I'll tend to mine.

Crying In The Chapel

Words & Music by
Artie Glenn

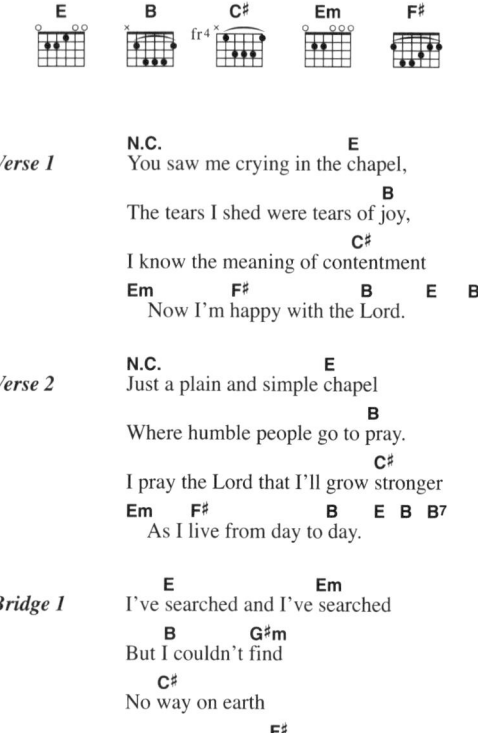

Verse 1
    N.C.   E
You saw me crying in the chapel,
                          B
The tears I shed were tears of joy,
                      C♯
I know the meaning of contentment
Em   F♯   B   E   B
  Now I'm happy with the Lord.

Verse 2
    N.C.   E
Just a plain and simple chapel
                     B
Where humble people go to pray.
                 C♯
I pray the Lord that I'll grow stronger
Em   F♯   B   E B B7
  As I live from day to day.

Bridge 1
     E   Em
I've searched and I've searched
  B   G♯m
But I couldn't find
 C♯
No way on earth
               F♯
To gain peace of mind.

© Copyright 1953 Chappell & Company Incorporated, USA.
Chappell Morris Limited.
All Rights Reserved. International Copyright Secured.

Verse 3

    N.C.   **E**
Now I'm happy in the chapel
                      B
Where people are of one accord.
                  C♯
Yes we gather in the chapel
Em   **F♯**   **B**   **E B B7**
  Just to sing and praise the Lord.

Bridge 2

    E   **Em**
You'll search and you'll search
    B   **G♯m**
But you'll never find
    C♯
No way on earth
             F♯
To gain peace of mind.

Verse 4

    N.C.   **E**
Take your troubles to the chapel,
                        B
Get down on your knees and pray,
                     C♯
Then your burdens will be lighter
Em   **F♯**   **B**
  And you'll surely find the way

(And you'll surely find the way).

Don't

Words & Music by
Jerry Leiber & Mike Stoller

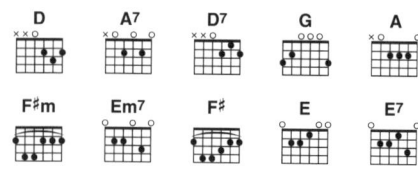

Verse 1
    D   A7
Don't (don't), don't (don't),
D7   G
That's what you say
A   D   F#m   Em7 A7
Each time that I hold you this way.
              D
When I feel like this
D7   G   Em7
And I want to kiss you, baby,
A   D
Don't say don't.
Em7 A7
(Don't, don't.)

Verse 2
    D   A7
Don't (don't), don't (don't),
D7   G
Leave my embrace
A   D   F#m   Em7 A7
For here in my arms is your place.
                D
When the night grows cold
D7   G   Em7
And I want to hold you baby
A   D
Don't say don't.
               D7
(Don't, don't, don't, don't.) __

© Copyright 1957 Elvis Presley Music, USA.
Carlin Music Corporation.
All Rights Reserved. International Copyright Secured.

	G F♯
Bridge	If you think that this

     G A   D   D7
Is just a game I'm playing,
E
If you think that
            A   E7   A7
I don't mean every word I'm saying.

Verse 3

D   A7
Don't (don't), don't (don't)
D7   G
Don't feel that way.
A   D   F♯m   Em7   A7
I'm your love and yours I will stay
                D
This you can believe:
     D7   G
I will never leave you,
Em7   A   D   Em7
Heaven knows I won't,
A7   D
Baby, don't say don't.
 G   D
(Don't, please don't.)

Don't Be Cruel

Words & Music by
Otis Blackwell & Elvis Presley

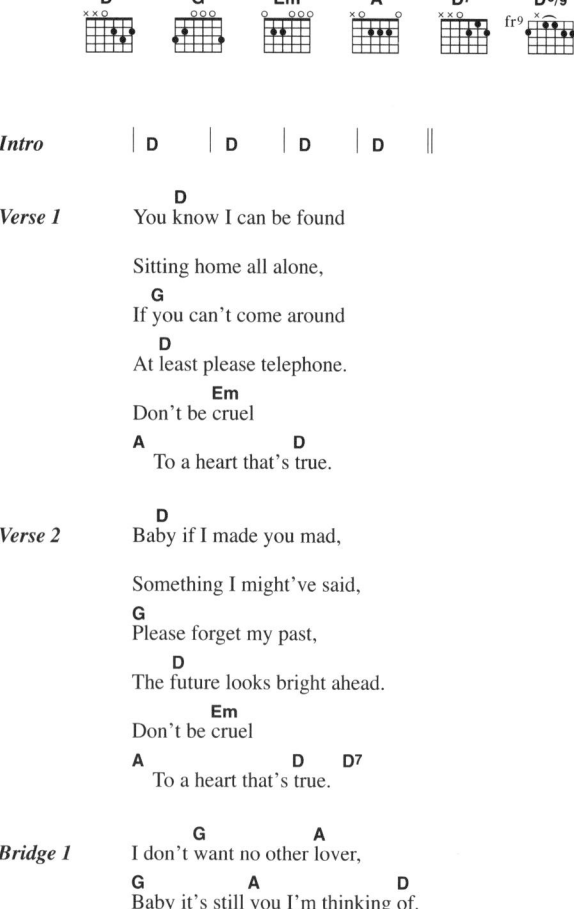

Intro | D | D | D | D ||

Verse 1
      D
You know I can be found

Sitting home all alone,
    G
If you can't come around
  D
At least please telephone.
      Em
Don't be cruel
A   **D**
  To a heart that's true.

Verse 2
   D
Baby if I made you mad,

Something I might've said,
  G
Please forget my past,
  D
The future looks bright ahead.
     Em
Don't be cruel
A   **D**   **D7**
  To a heart that's true.

Bridge 1
     G   **A**
I don't want no other lover,
G   **A**   **D**
Baby it's still you I'm thinking of.

© Copyright 1956 Elvis Presley Music, USA.
Carlin Music Corporation.
All Rights Reserved. International Copyright Secured.

	(D)
Verse 3	Don't stop thinking of me,

                Don't make me feel this way,

                G
                C'mon over here and love me,

                D
                You know I wanted you to say

                        Em
                Don't be cruel

                A   **D**   **D7**
                   To a heart that's true.

                G   **A**
Bridge 2   Why should we be apart?

                G   **A**   **D**
                I really love you baby, cross my heart.

                (D)
Verse 4   Let's walk up to the preacher,

                And let's us say 'I do,'

                G
                Then you'll know you'll have me,

                D
                And I know that I'll have you.

                        Em
                Don't be cruel

                A   **D**   **D7**
                   To a heart that's true.

Bridge 3   As Bridge 1

                        Em
Tag   Don't be cruel

                A   **D**
                   To a heart that's true.

                        Em
                Don't be cruel

                A   **D**   **D7**
                   To a heart that's true.

                G   **A**
Bridge 4   I don't want no other lover,

                G   **A**   **D**   **D6/9**
                Baby it's still you I'm thinking of.

Don't Cry Daddy

Words & Music by
Mac Davis

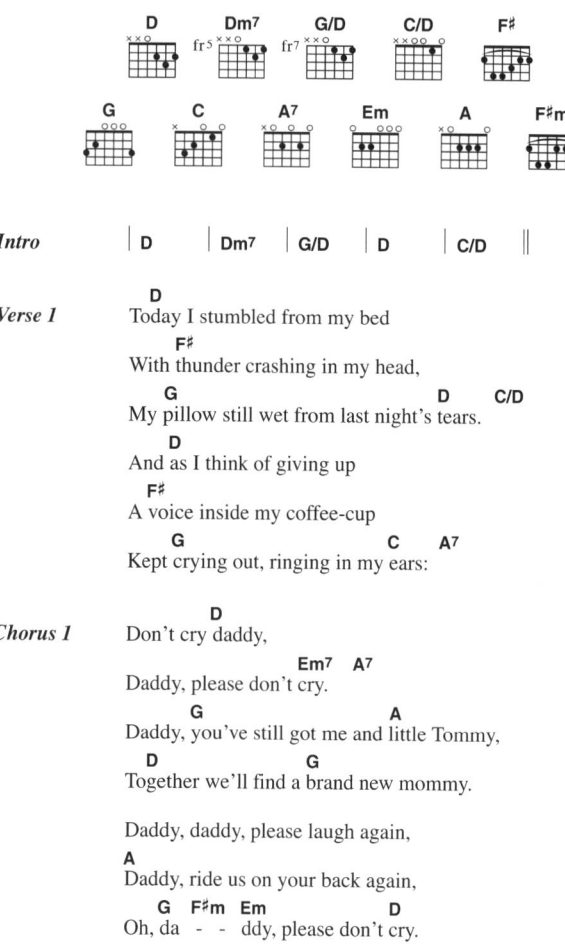

Intro | D | Dm7 | G/D | D | C/D ||

Verse 1
      D
Today I stumbled from my bed
  F#
With thunder crashing in my head,
  G   **D**   **C/D**
My pillow still wet from last night's tears.
  D
And as I think of giving up
  F#
A voice inside my coffee-cup
  G   **C**   **A7**
Kept crying out, ringing in my ears:

Chorus 1
      D
Don't cry daddy,
             Em7 **A7**
Daddy, please don't cry.
  G   **A**
Daddy, you've still got me and little Tommy,
  D   **G**
Together we'll find a brand new mommy.

Daddy, daddy, please laugh again,
A
Daddy, ride us on your back again,
  G **F#m** **Em**   **D**
Oh, da - - ddy, please don't cry.

Link | D | Dm7 | G/D | D | C/D | D | C/D ||

Verse 2

D
Why are children always first
  F♯
To feel the pain and hurt the worst?
  G   **D**   **C/D**
It's true but somehow it just don't seem right.
    D
'Cause ev'ry time I cry I know
  F♯
It hurts my little children so,
  G   **C**   **A7**
I wonder will it be the same tonight?

Chorus 2

        D
Don't cry daddy,
                     Em7 **A7**
Daddy, please don't cry.
  G   **A**
Daddy, you've still got me and little Tommy,
D   **G**
Together we'll find a brand new mommy.

Daddy, daddy, please laugh again,
A
Daddy, ride us on your back again,
   G **F♯m** **Em**
Oh, da - - ddy, please don't (cry.)

Coda | D | C/D | G F♯m Em | A7   D |
cry.   Oh, da - - dy, please don't cry.

| C/D | D | C/D ||

A Fool Such As I

Words & Music by
Bill Trader

C	E	F	G7	A	D7	C7	G

Intro | C | E | F | C |

          C   G7   C F C
(Now and then there's a fool such as I.) _____

Verse 1
           C   E
Pardon me if I'm sentimental
F   C
  When we said goodbye,
              A   D7
Don't be angry with me should I cry.
G7   C   E
  When you're gone, yet I'll dream
      F   C
A little dream as years go by.
                G7   C
Now and then there's a fool such as I.

Link 1
     F   C
(Fool such as I.) ____

Bridge 1
C7   F
Now and then there's a fool
       C
Such as I am over you.
   G   D7
You taught me how to love
     G7
And now you say that we are through.

© Copyright 1953 MCA Music (a division of MCA Incorporated), USA.
Universal/MCA Music Limited.
All rights in Germany administered by Universal/MCA Music Publ. GmbH.
All Rights Reserved. International Copyright Secured.

	C E
Verse 2	I'm a fool but I'll love you, dear,

        F   C
Until the day I die,

                    G7   C
Now and then there's a fool such as I.

Link 2

      F   C
(Fool such as I.) ___

Solo

| C | E | F | C | C | A |
| D7 | G7 | C | E | F | C |

             C   G7   C F C
(Now and then there's a fool such as I.) _____

Bridge 2

C7   F
Now and then there's a fool

       C
Such as I am over you.

     G   D7
You taught me how to love

     G7
And now you say that we are through.

Verse 3

      C   E
I'm a fool but I'll love you, dear,

    F   C
Until the day I die,

                  G7   C
Now and then there's a fool such as I.

Link 3

     F   C
(Fool such as I.) ___

Coda

          C   G7   C F C
𝄆 Now and then there's a fool such as I. 𝄇   *Repeat to fade*

The Girl Of My Best Friend

Words & Music by
Beverly Ross & Sam Bobrick

Intro

   E C#m
(Ah ah ah ah ah.)

   E C#m
(Ah ah ah ah ah.)

   E C#m
(Ah ah ah ah ah.)

   E C#m
(Ah ah ah ah ah.)

Verse 1

 E   C#m
The way she walks,

 E   C#m
The way she talks,

 E   C#m B
How long can I pre - tend?

  A B   E C#m
Oh I can't help it, I'm in love ____

    A   B
With the girl of my best friend.

Verse 2

 E   C#m
Her lovely hair,

 E   C#m
Her skin so fair,

 E   C#m   B
I could go on and never end.

  A B   E C#m
Oh I can't help it, I'm in love ____

    A   B   E
With the girl of my best friend.

© Copyright 1959 Elvis Presley Music, USA.
Carlin Music Corporation.
All Rights Reserved. International Copyright Secured.

Bridge

```
      A    B           E       C#m
      I want tell her how I love her so,
      B                      E
And hold her in my arms but then
      A         B           E       C#m
      What if she got real mad and told him so,
         F#              B
      I could never face either one again.
```

Verse 3

```
      E              C#m
      The way they kiss,
      E           C#m
      Their happiness,
      E              C#m      B
      Will my aching heart ever mend?
         A  B         E    C#m
      Or will I always be in love ___
             A   B    E    C#m
      With the girl of my best friend.
```

Coda

```
      E     C#m
      Never end,
      E            C#m
      Will it ever end?
      E            C#m
      Please let it end.
```

Good Luck Charm

Words & Music by
Aaron Schroeder & Wally Gold

Intro
        A7   D7   G
Ah-huh-huh, ah-huh-huh, ah-huh-huh, oh yeah.

Verse 1
G   C
Don't wanna four leaf clover,
G   D7
Don't wanna an old horse shoe.
G   C
Want your kiss 'cause I just can't miss
     D7   G
With a good luck charm like you.

Chorus 1
   N.C.   D7   G
C'mon and be my little good luck charm, ah-huh-huh,

You sweet delight.
      D7
I wanna good luck charm

A-hanging on my arm
    A7   D7   G
To have (to have,) to hold, (to hold,) tonight.

Verse 2
G   C
Don't wanna silver dollar,
G   D7
Rabbit's foot on a string,
   G   C
My happiness and your warm caress
 D7   G
No rabbit's foot can bring.

	N.C. **D7** **G**
Chorus 2	C'mon and be my little good luck charm, ah-huh-huh,
	You sweet delight.
	D7
	I wanna good luck charm
	A-hanging on my arm
	A7 **D7** **G**
	To have (to have,) to hold, (to hold,) tonight.

	A7 **D7** **G**
Link	Ah-huh-huh, ah-huh-huh, ah-huh-huh, oh yeah.
	A7 **D7** **G**
	Ah-huh-huh, ah-huh-huh, tonight.

	G **C**
Verse 3	If I found a lucky penny
	G **D7**
	I'd toss it across the bay.
	G **C**
	Your love is worth all the gold on Earth,
	D7 **G**
	No wonder that I say;

	N.C. **D7** **G**
Chorus 3	C'mon and be my little good luck charm, ah-huh-huh,
	You sweet delight.
	D7
	I wanna good luck charm
	A-hanging on my arm
	A7 **D7** **G**
	To have (to have,) to hold, (to hold,) tonight.

	A7 **D7** **G**
Coda	Ah-huh-huh, ah-huh-huh, ah-huh-huh, oh yeah.
	Fade out

Blue Christmas

Words & Music by
Billy Hayes & Jay Johnson

Verse 1
    B7   E   B7
    I'll have a blue Christmas without you,
                              E
    I'll be so blue just thinkin' about you.
               E7   A   A/G# A/G
    Decorations of red on a green Christmas tree
    F#7   B7
    Won't be the same dear, if you're not here with me.

Verse 2
                E   B7
    And when those blue snowflakes start falling,
                                E
    That's when those blue memories start falling.
                    E7   A   Bbdim
    You'll be doin' alright with your Christmas of white,
    B7   E
    But I'll have a blue, blue, blue, blue Christmas.

Interlude | E | B7 | B7 | E ||

Coda
                    E7   A   Bbdim
    You'll be doin' alright with your Christmas of white,
    B7   E   A7
    But I'll have a blue, blue, blue, blue Christmas.

| E | B | E7 ||

© Copyright 1948 Choice Music Incorporated/Bibo Music Publishers Incorporated, USA.
Anglo-Pic Music Company Limited.
All Rights Reserved. International Copyright Secured.

Got A Lot Of Livin' To Do

Words & Music by
Aaron Schroeder & Ben Weisman

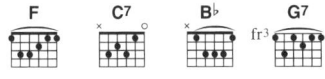

Intro | F | F | F ||

Chorus 1
    F   C7
Oh yes I've got a lot o' living to do,
    F
A whole lot o' loving to do,
        B♭   F
Come on baby, to make it fun it takes two.
            C7
Oh yes I've got a lot o' living to do,
    F
A whole lot o' loving to do,
        B♭   C7   F
And there's no one who I'd rather do it with-a than you.

Verse 1
    F
There's a moon that's big and bright in the milky way tonight,
    B♭   F
But the way you act you never would know it's there.
    C7
So baby, time's a wasting,

A lot of kisses I ain't been tasting,
   B♭   C7   F
I don't know about you but I'm gonna get my share.

© Copyright 1957 Gladys Music Incorporated, USA.
Carlin Music Corporation.
All Rights Reserved. International Copyright Secured.

Chorus 2

    F   **C7**
Ooh and I   got a lot o' living to do,
F
   A whole lot o' loving to do,
        B♭   **F**
Come on baby, to make it fun it takes two.
           C7
Oh yes I've   got a lot o' living to do,
F
   A whole lot o' loving to do,
      B♭   **C7**   **F**
And there's no one who I'd rather do it with-a than you.

Verse 2

F
There's a balmy little breeze,

That's whistling through the trees,
       B♭   **F**
And it's telling you to pitch a little woo with me.
            C7
Why don't you   take a listen,

You'll never know what you've been missing,
      B♭   **C7**   **F**
Buckle up a-real close and be my little honey bee.

Chorus 3   As Chorus 2

Verse 3

F
You're the prettiest thing I've seen,

But you treat me so doggone mean,
     B♭   **F**
Ain't you got no heart, I'm dying to hold you near.
      C7
Why do you   keep me waiting,

Why don't you start co-operating,
    B♭   **C7**   **F**
And the things I say are things you want to hear.

Chorus 4

    F   C7
Ooh I got a lot o' living to do,
    F
'Cause I got lot o' loving to do,
    B♭   F
Come on baby, to make it fun it takes two.
    C7
Oh yes I've got a lot o' living to do, well I,
F
Got a lot o' loving to do,
    B♭   C7   F
And there's no one who I'd rather do it with-a than you.
    B♭   C7   F
And there's no one who I'd rather do it with-a than you.
    G7   C7   F
And there's no one who I'd rather do it with-a than you.

Guitar Man

Words & Music by
Jerry Reed

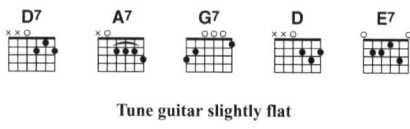

Tune guitar slightly flat

Intro | D7 | D7 | D7 A7 ||

Verse 1
          D7
Well, I quit my job down at the car wash,

Left my mama a goodbye note;

By sundown I'd left Kingston,

With my guitar under my coat.
  G7
I hitchhiked all the way down to Memphis,

Got a room at the YMCA;
   D7
For the next three weeks I went huntin' them nights,

Just lookin' for a place to play.
  A7
Well, I thought my pickin' would set 'em on fire
 G7 **N.C.**   **D**
But nobody wanted to hire a guitar man.

| D7 A7 ||

Verse 2
         D7
Well, I nearly 'bout starved to death down in Memphis,

I run outta money and luck,

So I bought me a ride down to Macon, Georgia,

On a overloaded poultry truck.

	G7
cont.	I thumbed on down to Panama City,

Started pickin' out some o' them all night bars,
D7
Hopin' I could make myself a dollar,

Makin' music on my guitar.
    A7
I got the same old story at them all night piers,
   G7 **N.C.**   **D7**
"There ain't no room around here for a guitar man

We don't need a guitar man, son."

       G7
Bridge   So I slept in the hobo jungles,

Roamed a thousand miles of track
  D7
Till I found myself in Mobile Alabama,

At a club they call Big Jack's.
    G7
A little four-piece band was jammin',

So I took my guitar and I sat in,
E7
I showed 'em what a band would sound like,
  A7
With a swingin' little guitar man.

"Show 'em, son!"

Solo

D7	G7	D7	D
D7	D7	G7	D7
A7 G7	D7	D7 A7	

Verse 3
                  D7
If you ever take a trip down to the ocean,

Find yourself down around Mobile,

Make it on out to a club called Jack's.

If you got a little time to kill
  G7
Just follow that crowd of people,

You'll wind up out on his dance floor,
D7
Diggin' the finest little five-piece group,

Up and down the Gulf of Mexico.
A7
Guess who's leadin' that five-piece band?
    G7   **N.C.**   **D7**
Well, wouldn't ya know, it's that swingin' little guitar man.

Outro | **D7** | **G7** | **D7** | **D** |

                  | **D7** | **D7** | **G7** | **D7** |

                  | **A7** **G7** | **D7** ||
                                 Fade out

I Just Can't Help Believin'

Words & Music by
Barry Mann & Cynthia Weil

[Chord diagrams: E, E6/9, Emaj7, F#m, B7, E7, A, Am7, B7sus4, B/D#, C#m]

Capo first fret

Intro ‖: E | E6/9 | E | E6/9 :‖

Verse 1
    E
I just can't help believin'
      Emaj7
When she smiles up soft and gentle
    F#m
With a trace of misty morning
    B7   E   E6/9 E E6/9
And a promise of tomorrow in her eyes.
    E
I just can't help believin'
      Emaj7
When she's lying close beside me
    E7   A   Am7
And my heart beats with the rhythm of her sighs.

Chorus 1
  E   E6/9   E   E6/9
   This time the girl is gonna stay,
  E   A   B7sus4   B7
   This time the girl is gonna stay
  N.C.
For more than just a (day.)

Link 1 | E | E6/9 | E | E6/9 ‖
day.

Verse 2

      E
I just can't help believin'

           Emaj7
When she slips her hand in my hand

    F♯m
And it feels so small and helpless

        B7   **E**   **E6/9** **E** **E6/9**
And my fingers fold around it like a glove.

     E
I just can't help believin'

           Emaj7
When she's whispering her magic

       E7
And her tears are shining

               A   **Am7**
Honey-sweet with love.

Chorus 2

  E   **E6/9**   **E**   **E6/9**
   This time the girl is gonna stay,

E   **A**   **B7sus4**   **B7**
   This time the girl is gonna stay

N.C.
For more than just a (day.)

Link 2 | E | E6/9 | E | E6/9 ||
                day.

Instrumental | E | E | F♯m | B7 | E | E | B7 | B7 |

                      | E | B/D♯ | C♯m | B | A | F♯m | B7sus4 |

                      B7 **N.C.**
                         For more than just a (day.)

Link 3 | E | E6/9 | E | E6/9 ||
                day.

Middle
        E   E6/9
(Oh I just can't help believin') Sing the song, baby.
        E   E6/9
(Oh I just can't help believin') One more time.
        E   E6/9
(Oh I just can't help believin') And one more.
        E   E6/9
(Oh I just can't help believin'.)

Link 4 | (E) | (E) |
            (E)   E
              For more than just a day.

Verse 3
     E
I just can't help believin'
          Emaj7
When she slips her hand in my hand
       F♯m
And it feels so small and helpless
         B7   E   E6/9 E E6/9
And my fingers fold around it like a glove.
     E
I just can't help believin'
         Emaj7
When she's whispering her magic
        E7
And her tears are shining
             A   Am7
Honey-sweet with love.

Chorus 3
  E   E6/9   E   E6/9
    This time the girl is gonna stay,
  E   A   B7sus4   B7
    This time the girl is gonna stay
N.C.
For more than just a (day.)

Link 5 | E | E6/9 | E | E6/9   ‖
            day.

Coda
       ‖: E   E6/9
       (Oh I just can't help believin',) :‖ *Play 3 times*
          E   E6/9   E
(Oh I just can't help believin'.)

Hard Headed Woman

Words & Music by
Claude De Metruis

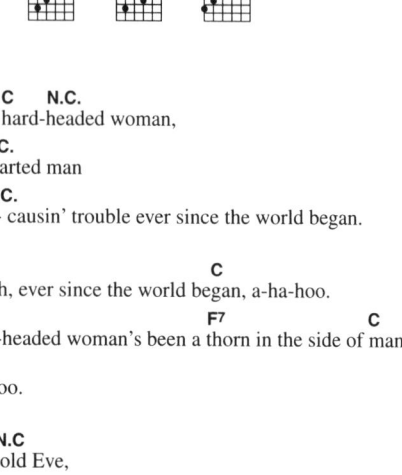

Verse 1
   N.C.   C   N.C.
Well, a hard-headed woman,
C   N.C.
Soft-hearted man
C   N.C.
Been a- causin' trouble ever since the world began.

Chorus 1
  F7   **C**
Oh yeah, ever since the world began, a-ha-hoo.
G7   **F7**   **C**
A hard-headed woman's been a thorn in the side of man.

A-ha-hoo.

Verse 2
  C   **N.C**
Adam told Eve,
        C   **N.C.**
Listen hear to me,
C   **N.C.**
Don't you let me catch you messin' round that apple tree.

Chorus 2   As Chorus 1

Solo | (C) | (C) | (C) | (C) ||

Chorus 3   As Chorus 1

© Copyright 1958 Gladys Music Incorporated, USA.
Carlin Music Corporation.
All Rights Reserved. International Copyright Secured.

Verse 3

    C   **N.C**
Samson told Delilah.
    C   **N.C.**
Loud and clear:
    C   **N.C.**
Keep your cotton-pickin' fingers out my curly hair.

Chorus 4   As Chorus 1

Verse 4

    C   **N.C**
I heard about a king
        C   **N.C.**
Who was   doing swell
    C   **N.C.**
Till he started playing with that evil Jezebel.

Chorus 5   As Chorus 1

Solo

| (C) | (C) | (C) | (C) | F7 | F7 |
| C | C | G7 | F7 | C | C ||

Verse 5

C **N.C**
I got a woman,
    C   **N.C.**
A head like a rock,
C **N.C.**
If she ever went away I'd cry around the clock.

Chorus 6

    F7   **C**
Oh yeah, ever since the world began, a-ha-hoo.
  G7   **F7**   **C**
A hard-headed woman been a thorn in the side of man.

A-ha-hoo.
  G7   **F7**   **G7** **C**
A hard-headed woman been a thorn in the side of man. ____

A-ha-hoo.

Heartbreak Hotel

Words & Music by
Mae Boren Axton, Tommy Durden & Elvis Presley

Chords: E, A, B, A7, B7, Fmaj7, Emaj7

Verse 1

   N.C.   **(E)**
Well since my baby left me,
   N.C.   **(E)**
Well I've found a new place to dwell,
   N.C.
But it's down at the end of Lonely Street,

At Heartbreak Hotel, where I'll be…

Chorus 1

   (A)
  I'll be so lonely, baby,

I may get so lonely,
   (B)   **(E)**
I may get so lonely I could die.

Verse 2

   N.C.   **(E)**
Although it's always crowded
   N.C.   **(E)**
You still can find some room
   N.C.
For broken-hearted lovers

To cry there in the gloom.

Chorus 2

   A7
Well they get so lonely, baby,

Well they get so lonely,
   B7   **E**
They'll get so lonely they could die.

© Copyright 1956 Tree Publishing Company Incorporated, USA.
EMI Harmonies Limited.
All Rights Reserved. International Copyright Secured.

| *Verse 3* | **N.C.**   **(E)**
Now the bell-hop's tears keep flowing
N.C.   **(E)**
And the desk-clerk's dressed in black,
N.C.
Well they've been so long on Lonely Street

They'll never, never look back. |

Chorus 3   As Chorus 2

Verse 4
N.C.   **(E)**
Well if your baby leaves you
N.C.   **(E)**
And you've got a tale to tell,
N.C.
Well just take a walk down Lonely Street

To Heartbreak Hotel, where you will be…

Chorus 4
A7
Well you'll be so lonely, baby,

You'll be lonely,
B7   **E**
You'll be so lonely you could die.

Solo | **E** | **E** | **E** | **E** |
          | **A7** | **A7** | **B7** | **E** ||

Verse 5   As Verse 2

Chorus 5
A7
Well they get so lonely, baby,

Well they get so lonely,
B7   **E**   **Fmaj7**   **Emaj7**
Where they'll be so lonely they could die.

Hound Dog

Words & Music by
Jerry Leiber & Mike Stoller

| C | F7 | G | F | D♭ | C* |

Chorus 1

    N.C.   C
You ain't nothing but a hound dog, crying all the time.
                           F7   C
You ain't nothing but a hound dog, crying all the time.
      G
Well, you ain't never caught a rabbit
     F   C
And you ain't no friend of mine.

Verse 1

    N.C.   C
Well they said you was high class, well that was just a lie,
                     F7   C
Yeah they said you was high class, well that was just a lie.
          G
Yeah, you ain't never caught a rabbit
     F   C
And you ain't no friend of mine.

Chorus 2   As Chorus 1

Solo

| C | C | C | C | F7 | F7 |
| C | C | G | F | C | C ||

Verse 2

                           C
Well they said you was high class, well that was just a lie,
                   F7   C
Yeah they said you was high class, well that was just a lie.
       G
Yeah, you ain't never caught a rabbit
    F   C
And you ain't no friend of mine.

© Copyright 1956 Universal/MCA Music Limited (80%)/Chappell Morris Limited (20%).
All rights in Germany administered by Universal/MCA Music Publ. GmbH.
All Rights Reserved. International Copyright Secured.

Solo

| C | C | C | C | F7 | F7 |
| C | C | G | F | C | C ‖

Verse 3
                                        C
Well they said you was high class, well that was just a lie,
                               F7   **C**
You know they said you was high class, well that was just a lie.
              G
Yeah, you ain't never caught a rabbit
N.C.   **C**
You ain't no friend of mine.

Chorus 3
N.C.   **C**
You ain't nothing but a hound dog, crying all the time.
                          F7   **C**
You ain't nothing but a hound dog, crying all the time.
             G
Well, you ain't never caught a rabbit
        F   **C**   **D♭** **C***
And you ain't no friend of mine.

I Forgot To Remember To Forget

Words & Music by
Stanley Kesler & Charlie Feathers

Capo second fret

| *Intro* | | A | A | D | D | |

Verse 1
      D   A
I for - got to remember to for - get her,
                                D
I can't seem to get her from my mind.
G
I thought I'd never miss her,
D
But I found out somehow,
A   D
I think about her almost all the time.

Chorus 1
G
The day she went away,
             D
I made myself a promise,
                           A
That I'd soon forget we'd ever met.
D
But something sure is wrong,
G
'Cause I'm so blue and lonely,
D   A   D | D
I forgot to remember to forget.

© Copyright 1955 Hi Lo Music Incorporated/Edward B. Marks Music Company, USA.
Carlin Music Corporation.
All Rights Reserved. International Copyright Secured.

Instrumental | D | D | G | G |
                | D | D | A | A |
                | D | D | G | G |
                | D | A | D | D7 ||

Chorus 2

    G
The day she went away,
      D
I made myself a promise,
                  A
That I'd soon forget we'd ever met.
     D
Well but something sure is wrong,
    G
'Cause I'm so blue and lonely,
  D   A   D | D
I forgot to re - member to for - get.

I Got Stung

Words & Music by
Aaron Schroeder & David Hill

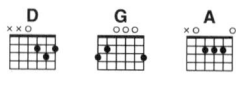

Capo 1st Fret

Intro
    N.C. (D)
Holy smoke, a-land sakes alive!

I never thought this could happen to me.

Link 1
      D
Uh-huh - huh, yeah!

Uh-huh-huh, yeah!

Verse 1
D
I got stung by a sweet honey bee,

Oh, what a feeling come over me.
  G
It started in my eyes crept up to my head,
D
Flew to my heart till I was stung dead.
  A   **G**
I'm done, uh - uh,
  D
I got stung!

Link 2
D
Uh-huh-huh, yeah!

Uh-huh-huh, yeah!

Verse 2
D
She had all that I wanted and more,

And I've seen honey bees before.

© Copyright 1958 Gladys Music Incorporated, USA.
Carlin Music Corporation (50%)/Minder Music Limited (50%).
All Rights Reserved. International Copyright Secured.

	G
cont.	She started buzzin' in my ear, buzzin' in my brain
	D
	Got stung all over, but I feel no pain
	A **G**
	I'm done, uh - uh,
	D
	I got stung!

Bridge 1

   (D)   **G**   **D**
Well now, don't think I'm com - plainin',
   A   **D**
I'm mighty pleased we met.
             G
'Cause you gimme just one little peck on the back of my neck,
 A
And I break out in a cold, cold sweat.

Verse 3

   D
Well if I live to a hundred and two,

I won't let nobody sting me but you.
   G
I'll be buzzin' 'round your hive every day at five,
   D
And I'm never gonna leave once I arrive.
    A
'Cause I'm done,
 G   **D**
Uh - uh, I got stung!

Link 3

D
Uh-huh-huh, yeah!

Uh-huh-huh, yeah!

Bridge 2   As Bridge 1

Verse 4   As Verse 3

Outro

‖: **D**
Uh-huh-huh, yeah!

Uh-huh-huh, yeah! :‖   *Repeat to fade*

Indescribably Blue

Words & Music by
Darrell Glenn

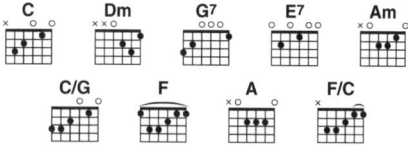

Verse 1
```
      C            Dm    G7              C
  Our friends all ask me   the last time I saw   you,
            Dm         G7                C       E7
  And I smile and   tell them   it's been a day or two.
  Am      C/G       F      G7                      C
    There's no way to ex - plain it,  the way that I miss you.
  A              Dm       G7         C    G7
    And my love, you have left me   indescribably blue.
```

Verse 2
```
   C              Dm    G7                    C
  I talk to your picture,  my favourite one of  you.
              Dm              G7               C      E7
  I wish that you were here with me,  but what good would it do?
  Am        C/G         F     G7                   C
    There'd be no way to tell you   the pain that I've been through.
  A                 Dm      G7          C    E7
    Oh, my love, you have left me   indescribably blue.
  Am      C/G        F     G7           C   F/C  C
    Yes, my love, you have left me   indescribably blue.
```

© Copyright 1966 Elvis Presley Music, USA.
Carlin Music Corporation.
All Rights Reserved. International Copyright Secured.

Love Letters

Words by Edward Heyman
Music by Victor Young

| F | B♭ | Ddim | F/C | C | Dm |
| Bm7♭5 | E7 | Am | Cm/A | D | Gm | B♭m |

| F | B♭ Ddim | F/C C | F ||

Verse 1
      F   Dm
Love letters straight from your heart
B♭   C   F
Keep us so near, while apart.
Bm7♭5   E7   Am
I'm not alone in the night
Cm/A   D7   Gm   C
When I can have all the love you __ write.

Verse 2
      F   Dm
I memorise ev'ry line,
B♭   C   F
And I kiss the name that you sign.
B♭   B♭m   F   Ddim
And darlin' then, I read again, right from the start,
Gm   C   F   C
Love letters straight from your heart.

Verse 3
      F   Dm
I memorise ev'ry line,
B♭   C   F   B♭
And I kiss the name that you sign. _____
      B♭m   F   Ddim
And darlin' then, I read again, right from the start,
Gm   C   F
Love letters straight from your heart.

Coda | B♭ Ddim | F/C C | F ||

© Copyright 1945 (Renewed 1972) Famous Music Publishing Limited (50%)/
Warner/Chappell North America Limited (50%).
All Rights Reserved. International Copyright Secured.

I Need Your Love Tonight

Words & Music by
Bix Reichner & Sid Wayne

| G | D7 | G7 | C | A7 |

Intro | G | G | G | G ||

Verse 1
G   D7
Oh, oh, I love you so,

G
Uh, uh, I can't let you go,

G7   C
Ooh, ooh,   don't tell me no,

G   D7   G
I need your love to - night.

Verse 2
G   D7
Oh, gee, the way you kiss,

G
Sweedee, too good to miss,

G7   C
Wow-whee,   want more of this,

G   D7   G
I need your love to - night.

Bridge 1
C   G
I've been waiting just for tonight,

D7   G
To do some lovin' and hold you tight.

C   G
Don't tell me baby you gotta go,

A7   D7
I got the hi-fi high and the lights down low.

© Copyright 1959 Gladys Music Incorporated/Holy Hill Music Publishing Company, USA.
Carlin Music Corporation (50%)/Warner/Chappell Music Limited (50%).
All Rights Reserved. International Copyright Secured.

	G D7
Verse 3	Hey, now, hear what I say,

                      G
             Oh, wow, you better stay,
              G7   C
             Pow, pow,   don't run away,
            G   D7   G
            I need your love to - night.

Guitar solo | G | D7 | D7 | G | G G7 | C |

             G   D7   G
            I need your love to - night.

            | G | D7 | D7 | G | G G7 | C   ‖

             G   D7   G
            I need your love to - night.

Verse 4   As Verse 1

Verse 5   As Verse 2

Bridge 2   As Bridge 1

Verse 6   As Verse 3

                G   D7   G
Outro   ‖: I need your love to - night. :‖ *Repeat to fade*

I Want You, I Need You, I Love You

Words by Maurice Mysels
Music by Ira Kosloff

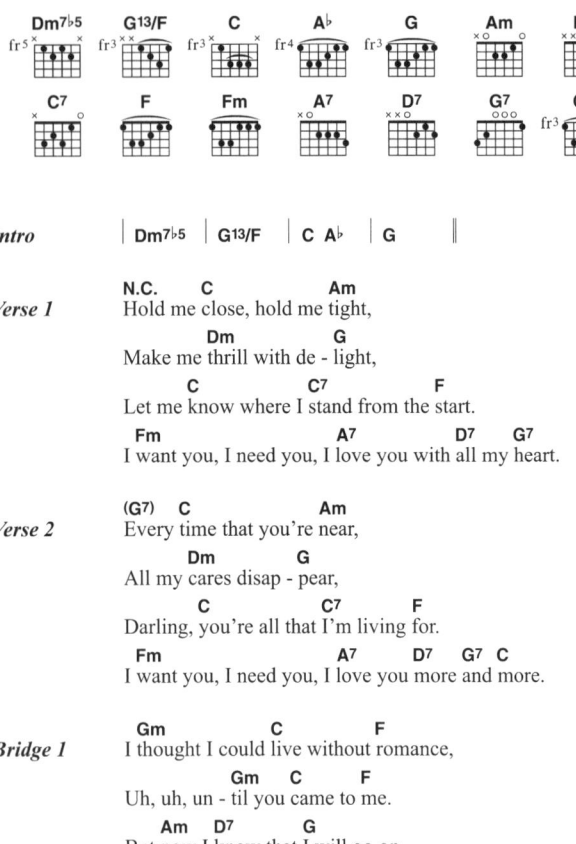

Intro | Dm7♭5 | G13/F | C A♭ | G ‖

Verse 1
     N.C.   C   Am
Hold me close, hold me tight,
            Dm   G
Make me thrill with de - light,
     C   C7   F
Let me know where I stand from the start.
 Fm   A7   D7   G7
I want you, I need you, I love you with all my heart.

Verse 2
 (G7) C   Am
Every time that you're near,
      Dm   G
All my cares disap - pear,
       C   C7   F
Darling, you're all that I'm living for.
 Fm   A7   D7   G7 C
I want you, I need you, I love you more and more.

Bridge 1
    Gm   C   F
I thought I could live without romance,
         Gm C   F
Uh, uh, un - til you came to me.
   Am   D7   G
But now I know that I will go on
Am   D7   G
Loving you e - ternal - ly.

© Copyright 1956 Gladys Music Incorporated, USA.
Carlin Music Corporation.
All Rights Reserved. International Copyright Secured.

Verse 3

        G7 **C**   **Am**
Won't you please be my own?
      Dm   **G**
Never leave me a - lone,
       C   **C7**   **F**
'Cause I die every time we're a - part.
Fm   **A7**   **D7 G** **C**
I want you, I need you, I love you with all my heart.

Bridge 2

      Gm   **C**   **F**
Well, I thought I could live without romance,
     Gm **C**   **F**
Uh, uh, un - til you came to me.
  Am   **D7**   **G**
But now I know that I will go on
Am   **D7**   **G**
Loving you e - ternal - ly.

Verse 4

        G7 **C**   **Am**
Won't you please be my own?
      Dm   **G**
Never leave me a - lone,
       C   **C7**   **F**
'Cause I die every time we're a - part.
Fm   **A7**   **D7 G** **C**
I want you, I need you, I love you with all my heart.

I'm Left, You're Right, She's Gone

Words & Music by
Stanley Kesler & William Taylor

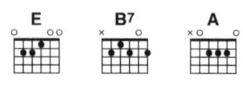

Intro	| E | E | E | E ||

Verse 1
    E   B7   E
Well, you're right, I'm left, she's gone.
                     B7   E
You're right, and I'm left all a - lone.
         A
Well, you tried to tell me so,
    E
But how was I to know
 B7   E
That she was not the one for me?

Verse 2
  E   B7 E
You told me all a - long,
          B7   E
You're right, our love was so wrong.
   A
But now I changed my mind,
   E
'Cause she broke the ties that bind,
 B7   E
And I know that she never cared for me.

Bridge 1
  A
Well, I thought I knew just what she'd do,
 E
I guess I'm not so smart.
  A   E   B7
Oh, you tried to tell me all along she'd only break my heart.

© Copyright 1954 Hill & Range Southwind Music.
Carlin Music Corporation.
All Rights Reserved. International Copyright Secured.

Verse 3

     E   B7   E
I'm left, you're right, she's gone.
                    B7   E
You're right, and I'm left all a - lone.
        A
Well, she's gone I know not where,
    E
But now I just don't care.
    B7   E
For now I'm falling for you.

Guitar solo

E	B7	E	E
E	B7	E	E
A	A	E	E
B7	B7	E	E

Verse 4

    E   B7   E
If you'll for - give me now,
          B7   E
I'll make it up some - how.
   A
So happy we will be,
  E
In a home just for three,
  B7   E
And I'll soon forget her, now I know.

Bridge 2   As Bridge 1

Verse 5

(B7)   E   B7   E
Well, you're right, I'm left, she's gone.
                  B7   E
You're right, and I'm left all a - lone.
      A
Well, she's gone, I know not where,
  E
But now I just don't care,
  B7   E   B7 E
For now I've fallen for you.

If I Can Dream

Words & Music by
W. Earl Brown

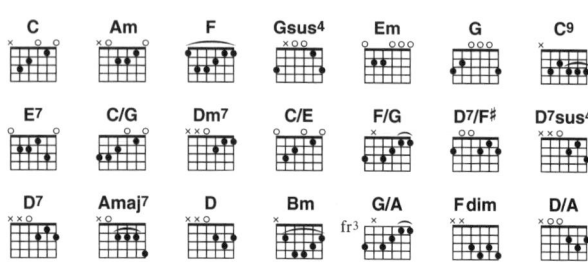

Tune guitar slightly sharp

Intro ‖ C Am ｜ C Am ｜ C Am ｜ C Am ‖

Verse 1
```
              C              Am       F         Gsus4
There must be lights burning brighter somewhere,
          C   Em      Am    Em
Got to be birds   flying higher
      F      G
In a sky more blue.
```

Chorus 1
```
           C              C9
If I can dream of a better land
        F              E7    Am
Where all my brothers walk hand in hand,
         C/G   Am
Tell me why, oh why,
     F   Dm7    C/E   Am  Dm7
Oh why can't my dream come true?
G    F/G   G
  Oh why?
```

Verse 2
```
              C            Am     F         Gsus4
There must be peace and understanding sometime,
             C    Em      Am     Em
Strong winds of promise   that will blow away
      F     G
The doubt and fear.
```

© Copyright 1968 Gladys Music Incorporated, USA.
Carlin Music Corporation.
All Rights Reserved. International Copyright Secured.

	C C9
Chorus 2	If I can dream of a warmer sun

           F   **E7** **Am**
Where hope keeps shining on everyone,

       C/G   **Am**
Tell me why, oh why,

   F   **Dm7**   **Em G**   **C**   **F C C9**
Oh why won't that sun ap - pear?

  F   **D7/F♯ C**   **C9**

Bridge   We're lost in a cloud   with too much rain,

F   **D7/F♯ C**   **C7**
  We're trapped in a world   that's troubled with pain.

F   **D7/F♯**   **C/G**   **E7** **Am**
  But as long as a man has the strength to dream

        D7sus4 **D7**   **F/G**   **G**
He can redeem his soul and fly.

       Amaj7
(He can fly).

                 D   **Bm**   **G**   **G/A**

Verse 3   Deep in my heart there's a trembling question,

         D **F♯m**   **Bm**
Still I am sure that the answer's,

F♯m   **Em**   **A**
  Answer's is gonna come somehow.

                Bm   **D7**

Chorus 3 Out there in the dark, (out there in the dark)

                 G   **Fdim**
There's a beckoning candle,

          D/A   **Bm**
And while I can think, while I can talk,

        D/A   **Bm**
While I can stand, while I can walk.

       G   **Em**
While I can dream, please let my dream

    G/A   **N.C. D** **Bm**
Come true, _____ right now, _____

                   D   **Bm**
Let it come true right now,

       D G D
Oh yeah.

In The Ghetto

Words & Music by
Mac Davis

A   C#m   D   E   C#m7   Bm7

Capo first fret

Intro | A ||

Verse 1
      A
As the snow flies
    C#m
On a cold and grey Chicago morning
D   E   A
A poor little baby child is born in the ghetto,

(In the ghetto).

And his Mama cries
     C#m
'Cause if there's one thing that she don't need
D   E   A
It's another little hungry mouth to feed in the ghetto,

(In the ghetto).

Bridge 1
                   E
Ah, people don't you understand
         D   A
The child needs a helpin' hand,
D   E   A
He'll grow up to be an angry young man someday.
       E
Take a look at you and me,
         D   A
Are we too blind to see?
   D   C#m7   Bm7   E
Or do we simply turn our heads and look the other way?

© Copyright 1969 Sony/ATV Songs LLC & Elvis Presley Music, USA.
Sony/ATV Music Publishing (UK) Limited.
All Rights Reserved. International Copyright Secured.

Verse 2
                  A
Well the world turns
       C#m
And a hungry little boy with a runny nose
D   E   A
Plays in the street as the cold wind blows in the ghetto,

(In the ghetto).

And his hunger burns
     C#m
So he starts to roam the streets at night
      D   E
And he learns how to steal and he learns how to fight
    A
In the ghetto, (in the ghetto).

Bridge 2
E
Then one night in desperation
    D   A
The young man breaks away:
    D   C#m
He buys a gun, steals a car,
Bm7   E
Tries to run but he don't get far,
     D
And his Mama cries.
   C#m
As a crowd gathers round an angry young man
    D   E
Face down in the street with a gun in his hand
   A
In the ghetto, (in the ghetto).

Verse 3
And as her young man dies
   C#m
On a cold and grey Chicago morning
D   E   A
Another little baby child is born in the ghetto,

(In the ghetto).

And his mother cries (in the ghetto).

(In the ghetto). ‖: A :‖   *Repeat to fade*

It's Now Or Never

Words & Music by
Wally Gold, Aaron Schroeder & Eduardo Di Capua

Intro | B7 | E ||

Chorus 1
    E
It's now or never,
          F♯m
Come hold me tight,
          B7
Kiss me my darling,
     E
Be mine tonight.
 Am   **Em**   **E**
Tomorrow will be too late,
         B7   **E**
It's now or never, my love won't wait.

Verse 1
          E
When I first saw you
         A
With your smile so tender,
       B7
My heart was captured,
      E
My soul surrendered.

I've spent a lifetime
         A
Waiting for the right time,
            E   **B7**   **E**
Now that you're near the time is here at last.

Chorus 2   As Chorus 1

Verse 2

    E
Just like a willow

     A
We would cry an ocean,

  B7
If we lost true love

   E
And sweet devotion.

Your lips excite me,

     A
Let your arms invite me,

       E   **B7** **E**
For who knows when we'll meet again this way.

Chorus 3

N.C. **F♯m**
It's now or never,

     F♯m
Come hold me tight,

 B7
Kiss me my darling,

E
Be mine tonight.

 Am   **Em** **E**
Tomorrow will be too late,

   B7   **E**
It's now or never, my love won't wait.

   B7   **E**
It's now or never, my love won't wait.

N.C.   **E**
It's now or never, my love won't wait.

   B7   **E**
It's now or never, my love won't wait.

Jailhouse Rock

Words & Music by
Jerry Leiber & Mike Stoller

Tune guitar down one semitone

(2 bar count in)

Intro	| D♯ | E D♯ | E D♯ ||

Verse 1
  E
Warden threw a party in the County jail:
D♯   **E**
   The prison band was there, they began to wail;
D♯   **E**
   The band was jumpin' and the joint began to swing,
D♯   **E**   **N.C.**
   You should've heard those knocked-out jail-birds sing.

Chorus 1
    A7   **E**
Let's rock, everybody let's rock.
    B7   **A7**
Everybody in the whole cell block
   E
Was dancing to the jailhouse rock.

Verse 2
D♯ E
   Spider Murphy played his tenor saxophone,
D♯ E
   Little Joe was blowin' on the slide trombone.
D♯   **E**
   The drummer brought from Illinois went crash boom bang,
D♯   **E**   **N.C.**
   The whole rhythm section was a purple gang.

Chorus 2   As Chorus 1

© Copyright 1957 Elvis Presley Music, USA.
Carlin Music Corporation.
All Rights Reserved. International Copyright Secured.

Verse 3

D♯ E
Number forty seven said to number three,

D♯ E
"You the cutest jail-bird I ever did see.

D♯ E
I sure would be delighted with your company,

D♯ E N.C.
C'mon and do the jailhouse rock with me."

Chorus 3

A7 E
Let's rock, everybody let's rock.

B7 A7
Everybody in the whole cell block

E
Was dancing to the jailhouse rock.

Rock, rock!

Guitar Solo | A7 | A7 | E | E | B7 | A7 | E | E ‖

Verse 4

D♯ E
The sad sack was sitting on a block of stone,

D♯ E
Way over in the corner weeping all alone.

D♯ E
The warden said, "Hey, Buddy, don't you be no square:

D♯ E N.C.
If you can't find a partner use a wooden chair."

Chorus 4 As Chorus 1

Verse 5

D♯ E
Shifty Henry said, "Hey Bug's, for Heaven's sake,

D♯ E
No-one's looking out, now's our chance to make a break."

D♯ E
Bugsy turned to Shifty and he said, "Nix, nix,

D♯ E N.C.
I wanna stick around awhile and get my kicks."

Chorus 5 As Chorus 1

Outro ‖: D♯ E
Dancing to the jailhouse rock. :‖ *Repeat to fade*

Kentucky Rain

Words & Music by
Dick Heard & Eddie Rabbitt

Intro | Fmaj7 | Fmaj7 | Cmaj7 | Cmaj7 |

| Fmaj7 | Fmaj7 | G7 ||

Verse 1

C   Gm7   C   Gm7
Seven lonely days   and a dozen towns a - go,
C   Gm7   C   Gm7
I reached out one night and you were gone.
F   G   C   Am
Don't know why you'd run, what you're running to or from,
D7   Gsus4   G
  All I know is I want to bring you home.
C   Gm7 C   Gm7
So I'm walking in the rain, thumbing for a ride
C   Gm7   C   Gm7
On this lonely   Kentucky backroad.
F   G   C   Am
I've loved you much too long and   my love's too strong
D7   Gsus4 Fmaj7
To let you go, never knowing what went wrong.

Chorus 1
      D7   C   G/B
    Kentucky rain keeps pouring down,
Em   Am G   F Em Fmaj7
   And up ahead's another town that I'll go   walking through
        C   Am
With the rain in my shoes,
       G F   G11
Searchin' for you
                   C   Em F
In the cold Kentucky rain,
      G   C   Fmaj7 Gsus4 G
In the cold Kentucky rain.

Verse 2
C   Gm7   C   Gm7
Showed your photo - graph to some old grey bearded men
    C   Gm7   C
Sitting on a bench out - side a general store.
    F   G   C   Am
They said "Yes, she's been here" but their memory wasn't clear
     D7   Gsus4   G
"Was it yesterday, no, wait the day be - fore."
C   Gm7   C   Gm7
Finally got a ride with a preacher man who asked:
         C   Gm7   C   Gm7
"Where' you bound on such a cold dark after - noon?"
   F   G   C   Am
As we drove on through the rain, as he listened I ex - plained,
   D7   Gsus4   Fmaj7
And he left me with a prayer that I'd find you.

Chorus 2
    D7   C   G/B
    Kentucky rain keeps pouring down,
Em   Am G   F Em Fmaj7
   And up ahead's another town that I'll go   walking through
       C   Am
With the rain in my shoes,
      G F   G11
Searchin' for you
                 C   Em F
In the cold Kentucky rain.

Outro
    ‖: (F) G   C   Em F :‖ *Repeat to fade*
       In the cold Kentucky rain.

King Creole

Words & Music by
Jerry Leiber & Mike Stoller

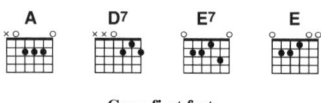

Capo first fret

Intro | (A) | (A) | (A) | (A) ||
         | (A) | (A) | (A) | (A) ||
         (King ____ Cre - - - ole.) ____

Verse 1
        A
There's a man in New Orleans who plays rock and roll,

He's a guitar man with a great big soul,

He lays down a beat like a ton of coal,
    N.C.
He goes by the name of King Creole.

Chorus 1
      D7
You know he's gone, gone, gone,
                   A
Jumping like a catfish on a pole, yeah.
      E7   **D7**
You know he's gone, gone, gone,
     A
Hip-shaking King Creole.

(King Creole, King Creole.)

Verse 2
        A
When the King starts to do it, it's as good as done:

He holds his guitar like a tommy gun,

He starts to growl from 'way down in his throat,
    N.C.
He bends a string and that's all she wrote.

© Copyright 1958 Elvis Presley Music, USA.
Carlin Music Corporation.
All Rights Reserved. International Copyright Secured.

Chorus 2   As Chorus 1

Verse 3
      A
He sings a song about a crawdad hole,

He sings a song about a jelly roll,

He sings a song about pork and greens,
  N.C.
He sings some blues about New Orleans.

Chorus 3   As Chorus 1

Solo | **A** | **A** | **A** | **A** | **D7** | **D7** |
       | **A** | **A** | **E7** | **D7** | **A** | **A**   ‖

Verse 4
  A
He plays something evil then he plays something sweet,

No matter how he plays you got to get up on your feet,

And when he gets the rockin' fever, baby, heaven's sake,
 N.C.
He don't stop playing till his guitar breaks.

Chorus 4
      D7
You know he's gone, gone, gone,
                A
Jumping like a catfish on a pole, yeah.
      E7   **D7**
You know he's gone, gone, gone,
     A
Hip-shaking King Creole.

(King Creole, Yeah go!)
     E7
You know he's gone, gone, gone,
D7   **E A E A E A E A**
Hip-shaking King Creole. _____

Kissin' Cousins

Words & Music by
Fred Wise & Randy Starr

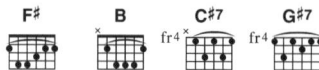

Intro | F# | F# | F# | F# ‖

Verse 1
F#   B   F#
Well I've got a girl, she's as cute as she can be,
      B   F#
She's a distant cousin, but she's not too distant with me.

Chorus 1
      B   F#   B   F#
We kiss all night, I squeeze her tight.
          C#7
But we're kissin' cousins,
               B   F#
That's what makes it all right, all right, all right, all right.

Verse 2
    F#   B   F#
Oh I've got a girl and she taught me how to live,
           B   F#
She can give a lot and she's got a lot to give.

Chorus 2 As Chorus 1

Bridge
      B   F#   B   F#
Yeah we're all cousins,   that's what I be - lieve,
      B   F#   G#7   C#7
Because we're children   of Adam and Eve.

Verse 3
F#   B   F#
I got a girl and she wants a lot of love,
           B   F#
That's the kind of trouble I need plenty of.

© Copyright 1963 Gladys Music Incorporated, USA.
Carlin Music Corporation.
All Rights Reserved. International Copyright Secured.

	B F♯ B F♯

Chorus 3
                B   **F♯**   **B**   **F♯**
We'll kiss all night, I'll squeeze her tight.
       C♯7   **B**   **F♯**
We'll be kissin' cousins 'n that'll make it all right.

All right, all right, all right.
       C♯7   **B**   **F♯**
We'll be kissin' cousins that'll make it all right,

All right, all right, all right.

Bridge 2   As Bridge 1

Verse 4   As Verse 3

Chorus 4   As Chorus 3

Lawdy Miss Clawdy

Words & Music by
Lloyd Price

Chord diagrams: A, D7, A7, E7, E

Intro | A | D7 | A7 | E7 ||

Verse 1
      A   A7
Well, lawdy, lawdy, lawdy Miss Clawdy,
    D7
Girl, you sure look good to me!
     A
But please don't excite me baby,
E   A   E7
    I know it can't be me.

Verse 2
          A   A7
Well as a girl you want my money,
      D7
Yeah, but you just won't treat me right,
     A
You like to ball every morning,
       E   A   E7
Don't come home till late at night.

Solo | A | A7 | D7 | D7 |
           | A | E | A | E ||

Verse 3
       A   A7
Oh I'm gonna tell, tell my mama,
    D7
Lord, I swear girl, what you been doing to me.
     A
I'm gonna tell everybody
     E   A   E7
That I'm bound in misery.

© Copyright 1952 Elvis Presley Music, USA.
Carlin Music Corporation.
All Rights Reserved. International Copyright Secured.

Verse 4

      A   **A7**
So bye, bye, bye, baby,
     D7
Girl, I won't be comin' no more.
     A
Goodbye little darlin',
E   **A** **E7**
  Down the road I'll go.

Piano link | **A** | **D7** | **A7** | **E7** ||

Verse 5

      A   **A7**
So bye, bye, bye, baby,
     D7
Girl, I won't be comin' no more.
     A
Goodbye little darlin',
E   **A** **E7** **A** **D7** **A**
  Down the road I'll go.

(Let Me Be Your) Teddy Bear

Words & Music by
Kal Mann & Bernie Lowe

G9 F#9 F9 C F Dm7 G7

Intro | G9 F#9 F9 F#9 | G9 ||

Verse 1
C
Baby let me be your loving teddy bear,
F
Put a chain around my neck
       C
And lead me anywhere,
  Dm7   G7
Oh let me be (oh let him be)
N.C. C
Your teddy bear.

Bridge 1
 F   G7
I don't wanna be your tiger
  F   G7
'Cause tigers play too rough.
 F   G7
I don't wanna be your lion
  F   G7   C
'Cause lions ain't the kind you love enough.

Verse 2
C
I just wanna be your teddy bear,
F
Put a chain around my neck
       C
And lead me anywhere,
  Dm7   G7
Oh let me be (oh let him be)
N.C. C
Your teddy bear.

© Copyright 1957 Gladys Music Incorporated, USA.
Carlin Music Corporation.
All Rights Reserved. International Copyright Secured.

Verse 3
        C
Baby let me be around you every night,
F
Run your fingers through my hair
                C
And cuddle me real tight.
        Dm7   **G7**
Oh let me be (oh let him be)
N.C.   **C**
Your teddy bear.

Bridge 2   As Bridge 1

Verse 4
         C
Just wanna be your teddy bear,
F
Put a chain around my neck
    C
And lead me anywhere.
        Dm7   **G7**
Oh let me be (oh let him be)
N.C.   **C**
Your teddy bear
       G7
Oh let me be (oh let him be)
    C
Your teddy bear. __
(C)
I just wanna be your teddy bear.

A Little Less Conversation

Words & Music by
Billy Strange & Scott Davis

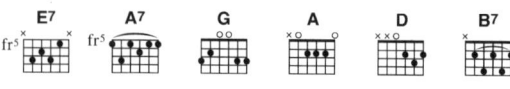

| Intro | | E7 A7 | E7 A7 | E7 A7 | E7 | |

Chorus 1
    E7   A7
A little less conversation,
         E7   A7
A little more action please,
E7   A7   E7   A7
All this aggravation ain't satisfactioning me.
  E7   G
A little more bite and a little less bark,
  A   D
A little less fight and a little more spark.
      E7   A7
Close your mouth and open up your heart,
        E7   A7
And baby satisfy me.
  E7   A7
Satisfy me baby.

Verse 1
E7   A7
Baby close your eyes and listen to the music,
E7   A7
Dig to the summer breeze.
E7   A7
It's a groovy night and I can show you how to use it,
E7   A7
Come along with me and put your mind at ease.

Chorus 2   As Chorus 1

© Copyright 1968 Gladys Music Incorporated, USA.
Carlin Music Corporation.
All Rights Reserved. International Copyright Secured.

Middle	**E7** Come on baby I'm tired of talking, **E7** Grab your coat and let's start walking, **E7** Come on, come on, (come on, come on) **G** Come on, come on. (Come on, come on) **A** Come on, come on. (Come on, come on) **B7** Don't procrastinate, don't articulate, Girl it's getting late, And you just sit and wait around.
Chorus 3	As Chorus 1 *to fade*

Little Sister

Words & Music by
Doc Pomus & Mort Shuman

Intro | E | E | E | E ||

Chorus 1
    E
Little sister, don't you, little sister don't you,
                      A
Little sister, don't you kiss me once or twice,
                     E
Then say it's very nice and then you run.
B7   **C7**   **B7**   **E**
Little sister, don't you do what your big sister done.

Verse 1
    E
Well, I dated your big sister and took her to a show,

I went for some candy along came Jim Dandy,
  N.C.   **E**
And they snuck right out of the door.

Chorus 2   As Chorus 1

Verse 2
    E
Every time I see your sister, well she's got somebody new.

She's mean and she's evil like that little old Boll Weevil,
  N.C.   **E**
Guess I'll try my luck with you.

Chorus 3   As Chorus 1

Verse 3   **E**
Well, I used to pull your pigtails and pinch your turned-up nose,

But you been a growin' and baby, it's been showin'
    N.C.   **E**
From your head down to your toes.

Chorus 4   **N.C.**   **E**
Little sister, don't you,

Little sister, don't you,
                    A
Little sister, don't you kiss me once or twice,
                          E
Then say it's very nice and then you run.
B⁷   **C⁷**   **B⁷**   **E**
  Little sister, don't you do what your big sister done.
B⁷   **C⁷**   **B⁷**   **E**
  Little sister, don't you do what your big sister done.
B⁷   **C⁷**   **B⁷**   **E**
  Little sister, don't you do what your big sister done. *Fade out*

Love Me Tender

Words & Music by
Elvis Presley & Vera Matson

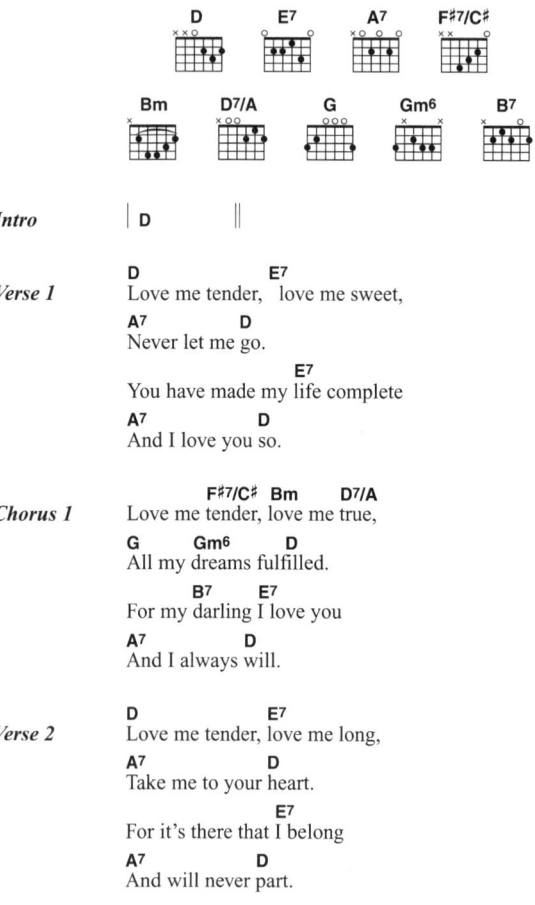

Intro | D ||

Verse 1
    D   **E7**
Love me tender, love me sweet,
A7   **D**
Never let me go.

               E7
You have made my life complete
A7   **D**
And I love you so.

Chorus 1
         F#7/C# **Bm**   **D7/A**
Love me tender, love me true,
G   **Gm6**   **D**
All my dreams fulfilled.

        B7   **E7**
For my darling I love you
A7   **D**
And I always will.

Verse 2
D   **E7**
Love me tender, love me long,
A7   **D**
Take me to your heart.

              E7
For it's there that I belong
A7   **D**
And will never part.

© Copyright 1956 Elvis Presley Music, USA.
Carlin Music Corporation.
All Rights Reserved. International Copyright Secured.

Chorus 2
         F♯7/C♯ Bm   D7/A
Love me tender, love me true,
G   Gm6   D
All my dreams fulfilled.
      B7   E7
For my darling I love you
A7   D
And I always will.

Verse 3
D   E7
Love me tender, love me dear,
A7   D
Tell me you are mine.
              E7
I'll be yours through all the years
A7   D
Till the end of time.

Chorus 3
         F♯7/C♯ Bm   D7/A
Love me tender, love me true,
G   Gm6   D
All my dreams fulfilled.
      B7   E7
For my darling I love you
A7   D
And I always will.

Love Me

Words & Music by
Jerry Leiber & Mike Stoller

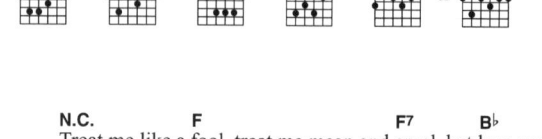

Verse 1
    N.C.   **F**   **F7**   **B♭**
Treat me like a fool, treat me mean and cruel, but love me.
                     C7   **F**   **F♯dim7** **C**
Wring my faithful heart, tear it all apart, but love me.

Verse 2
    N.C.   **F**   **F7**   **B♭**
If you ever go, darling, I'll be oh so lonely,
               C7   **F**   **B♭** **F**
I'll be sad and blue, crying over you, dear only.

Bridge 1
    N.C.   **B♭**   **F**
I would beg and steal just to   feel
  G7   **C7**
Your heart beatin' close to mine.

Verse 3
    N.C.   **F**   **F7**   **B♭**
If you ever go, darling, I'll be oh so lonely,
               C7   **F**   **B♭** **F**
I'll be sad and blue, crying over you, dear only.

Bridge 2   As Bridge 1

Verse 4
    N.C.   **F**   **F7**   **B♭**
Well, if you ever go, darling, I'll be oh so lonely,
         C7   **F**
Beggin' on knees, all I ask is please, please love me.
B♭ **F**
Oh yeah.

© Copyright 1956 Quintet Music Incorporated, USA.
Sony/ATV Music Publishing (UK) Limited.
All Rights Reserved. International Copyright Secured.

Loving You

Words & Music by
Jerry Leiber & Mike Stoller

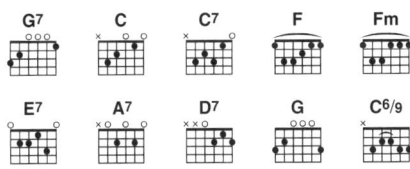

Capo first fret

Intro | G7 ||

Verse 1
C
I will spend my whole life through
G7
  Loving you, just loving you.

Winter, summer, spring-time, too,
C   C7
  Loving you,   loving you.
F   Fm   C   E7   A7
Makes no difference   where I go or what I may do.
D7   G   G7
  You know that I'll always be loving you, just you.

Verse 2
     C
And if I'm seen with someone new,
G7
  Don't be blue, don't you be blue.

I'll be faithful, I'll be true;
C   C7
  Always true,   true to you.
F   Fm   C   E7   A7
There is only one for me, and you know who.
D7   G G7 C   C6/9
  You know that I'll always be lov-ing you.

© Copyright 1957 Elvis Presley Music, USA.
Carlin Music Corporation.
All Rights Reserved. International Copyright Secured.

One Broken Heart For Sale

Words & Music by
Otis Blackwell & Winfield Scott

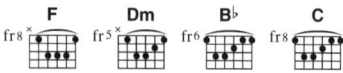

Chorus 1
    F   Dm   F
Who wants to buy a heart? Oh yeah,
          Dm
One broken lover's heart,
B♭   C   F
  One broken heart for sale.

Verse 1
 C   F   Dm   B♭   C
  Ooh, well, excuse me if you see me crying like a baby.
F   Dm   B♭   C   F
Since she re - jected me, there's nothing left to save me.

Chorus 2
As Chorus 1

Verse 2
 C   F   Dm   B♭   C
  Ooh, well she would not listen to the things my heart was saying,
F   Dm   B♭   C   F   C
She turned and walked away and told me I was playing.
F   Dm   B♭   C
Some guys have all the luck and my heart hasn't any,
F   Dm   B♭   C   F   C
I think I'll paint a sign: For sale for a penny.

Chorus 3
   F   Dm   F
‖: Who wants to buy a heart? Oh yeah,
          Dm
One broken lover's heart,
B♭   C   F   C
  One broken heart for sale. :‖ *Repeat to fade*

© Copyright 1962 Elvis Presley Music, USA.
Carlin Music Corporation.
All Rights Reserved. International Copyright Secured.

The Promised Land

Words & Music by
Chuck Berry

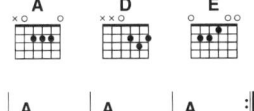

Intro　　　‖: A　| A　| A　| A　:‖

Verse 1
A
I left my home in Norfolk Virginia,
D
California on my mind,
E
I straddled that Greyhound and rode him into Raleigh
A
And on across Caro - line.

We had motor trouble that turn into a struggle
D
Halfway across Ala - bam',
E
Well that 'hound broke down and left us all stranded
A
In downtown Birming - ham.

Verse 2
A
Right away I brought me a through train ticket ridin'
D
Across Mississippi clean,
E
And I was on that midnight flyer out of Birmingham
A
Smoking into New Or - leans.

Somebody help me get out of Louisiana
D
Just to help me get to Houston Town,
E
There are people there who care a little about me
A
And they won't let the poor boy down.

© Copyright 1964, 1971 Arc Music Corporation, USA.
Tristan Music Limited.
All Rights Reserved. International Copyright Secured.

Solo 1 | A | A | A | D | E |
         | E | E | A | A | A ‖

Verse 3
    A
Sure as you're born they bought me a silk suit
        D
And put luggage in my hand,
 E
And I woke up high over Alberquerque
        A
On a jet to the promised land.

Working on a T-bone steak a la carte,
        D
Flying over to the golden state,
    E
When the pilot told us in thirteen minutes
        A
He would set us at the terminal gate.

Verse 4
 A
Swing low chariot come down easy,
        D
Taxi to the terminal zone,
E
Cut your engines and cool your wings
        A
And let me make it to the telephone.

Los Angeles give me Norfolk Virginia,
    D
Tidewater 4 – 10 – 0 – 9,
 E
Tell the folks back home this is the promised land calling
        A
And the poor boy is on the line.

Solo 2 As Solo 1

Verse 5

    A
Working on a T-bone steak a la carte,
                 D
Flying over to the golden state,
    E
When the pilot told us in thirteen minutes
               A
He would set us at the terminal gate.

Swing low chariot come down easy,
          D
Taxi to the terminal zone,
E
Cut your engines and cool your wings
                   A
And let me make it to the telephone.

Los Angeles give me Norfolk Virginia,
        D
Tidewater 4 – 10 – 0 – 9,
  E
Tell the folks back home this is the promised land calling
             A
And the poor boy is on the line.

Solo 3 ||: A | A | A | D |

               | E | E | E | A :|| *Repeat to fade*

(Marie's The Name) His Latest Flame

**Words & Music by
Doc Pomus & Mort Shuman**

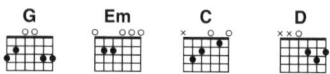

Intro | G | Em | G | Em | G | Em ||

Verse 1
```
              G       Em         G
A very old friend   came by today,
Em              G              Em
  'Cos he was telling everyone in town
G                   Em
Of the love that he'd just found,
                C      D
And Marie's the name
               G     Em  | G    | Em  ||
Of his latest flame.
```

Verse 2
```
                  G      Em          G
He talked and talked   and I heard him say
Em            G             Em
  That she had the longest, blackest hair,
G                      Em
The prettiest green eyes anywhere,
                C      D
And Marie's the name
               G     Em  | G    | Em  ||
Of his latest flame.
```

© Copyright 1961 Elvis Presley Music, USA.
Carlin Music Corporation.
All Rights Reserved. International Copyright Secured.

Bridge 1

    D   C   D   C
Though I smiled the tears inside were burning,
  D   C   D C
I wished him luck and then he said goodbye.
D   C   D   C
He was gone but still his words kept returning,
    D   C   G   Em | G | Em
What else was there for me to do but cry.

Verse 3

                 G   Em   G
Would you believe that yesterday
Em   G   Em
  This girl was in my arms and swore to me
G   Em
She'd be mine eternally,
             C   D
And Marie's the name
          G   Em | G | Em ‖
Of his latest flame.

Bridge 2   As Bridge 1

Verse 4

                 G   Em   G
Would you believe that yesterday
Em   G   Em
  This girl was in my arms and swore to me
G   Em
She'd be mine eternally,
             C   D
And Marie's the name
          G   Em | G |
Of his latest flame.

Coda

   Em   C   D
‖: Yeah Marie's the name
         G
Of his latest flame. :‖   *Repeat to fade*

A Mess Of Blues

Words & Music by
Doc Pomus & Mort Shuman

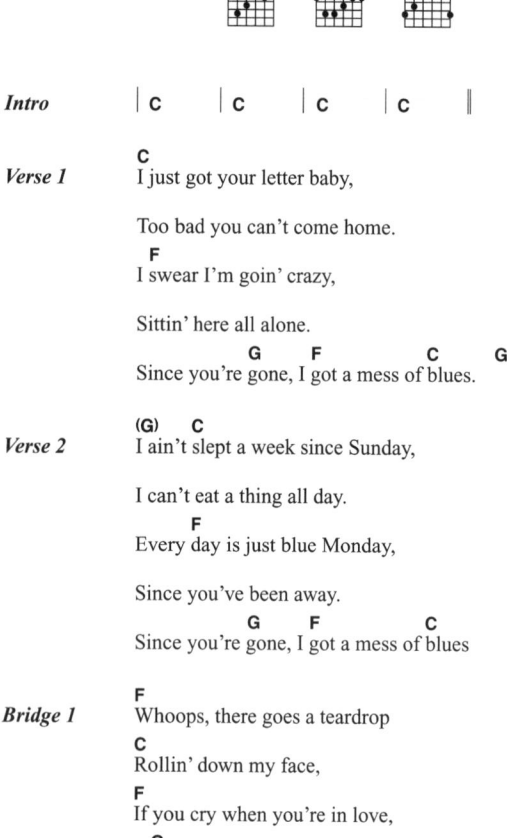

Intro | C | C | C | C ||

Verse 1
C
I just got your letter baby,

Too bad you can't come home.
F
I swear I'm goin' crazy,

Sittin' here all alone.
        G   F   C   G
Since you're gone, I got a mess of blues.

Verse 2
(G) C
I ain't slept a week since Sunday,

I can't eat a thing all day.
F
Every day is just blue Monday,

Since you've been away.
        G   F   C
Since you're gone, I got a mess of blues

Bridge 1
F
Whoops, there goes a teardrop
C
Rollin' down my face,
F
If you cry when you're in love,
 G
It sure ain't no disgrace.

© Copyright 1960 Elvis Presley Music, USA.
Carlin Music Corporation.
All Rights Reserved. International Copyright Secured.

Verse 3
      (G)   C
I gotta get myself together,

Before I lose my mind.
     F
I'm gonna catch the next train goin',

And leave my blues behind.
         G   **F**   **C**
Since you're gone I got a mess of blues.

Bridge 2   As Bridge 1

Verse 4
      (G)   C
I gotta get myself together,

Before I lose my mind.
     F
I'm gonna catch the next train goin',

And leave my blues behind.

         G   **F**   **C**
Since you're gone I got a mess of blues.
         G   **F**   **C**
Since you're gone I got a mess of blues.
         G   **F**   **C**
Since you're gone I got a mess of blues.

Moody Blue

Words & Music by
Mark James

| Dm | G | C | G7 | C7 | F |

Intro | Dm | (Dm) | G | G ||

Verse 1
       C
Well, it's hard to be a gambler bettin' on the number
G
   That changes ev'ry time:
      G7
When you think you're gonna win, think she's givin' in,
C
   A stranger's all you find.
          C7
Yeah, it's hard to figure out what she's all about,
     F
That she's a woman through and through.
  G
She's a complicated lady,
         C   **G**
So colour my baby moody blue.

Chorus 1
    C   **Dm**
Oh, moody blue, tell me am I gettin' through?
   G7
I keep hangin' on, tryin' to learn the song
 C   **G**
But I never do.
    C   **Dm**
Oh, moody blue, tell me who I'm talkin' to?
  G7
You're like night and day, and it's hard to say
  C
Which one is you.

Link | Dm | G ||

Verse 2

        C
Well, when Monday comes she's Tuesday,

When Tuesday comes she's Wednesday,
G
  Into another day again.
     G7
Her personality unwinds

Just like a ball of twine
C
  On a spool that never ends.

Just when I think I know her well
      C7
Her emotions reveal
     F
She's not the person that I thought I knew.
  G
She's a complicated lady,
          C   **G**
So color my baby moody blue.

Chorus 2   As Chorus 1

Solo | **G** | **C** | **C** | **Dm** | **Dm** |
        I'm afraid of my moody blue.

| **G** | **G** | **C** | **G**   ‖

Chorus 3
    C   **Dm**
Oh, moody blue, tell me who I'm talkin' to?
       G7
You're like night and day, and it's hard to say
   C
Which one is you.
   C   **Dm**
Oh, moody blue, tell me am I gettin' through?
   G7
I keep hangin' on, tryin' to learn the song
  C   **G**
But I never do.
             Fade out

My Boy

Words by Phil Coulter & Bill Martin
Music by Claude Francois & Jean-Pierre Bourtayre

Intro	**D**

Verse 1

     D   **A/C#**   **Bm**
You're sleeping son I know, but really, this can't wait,
        F#m   **Bm**
I wanted to ex - plain before it gets too late.
                 G   **F#m**
For your mother and me love has finally died,
           Em   **F#sus4** **F#**
This is no happy home, but God knows how I've tried.

Chorus 1

    F#   **Bm**   **Em**
Because you're all I have, my boy,
         A   **Dmaj7**
You are my life, my pride, my joy.
       G#m7♭5   **C#7**   **F#sus4** **F#** **G#m7** **F#/A#**
And if I stay, I stay be - cause of you, my boy.

Link 1	**D**

Verse 1

   D   **A/C#**   **Bm**
I know it's hard to under - stand, why did we ever start?
                F#m   **Bm**
We're more like strangers now, each acting out a part.
             G   **F#m**
I have laughed, I have cried, I have lost every game,
          Em   **F#sus4** **F#**
Taken all I can take, but I'll stay here just the same.

© Copyright 1971 EMI Music Publishing Limited.
All Rights Reserved. International Copyright Secured.

Chorus 2　　As Chorus 1

Link 2　　| D　　‖

Verse 2
    D　　　　　　　　　　**A/C♯**　　　　　　　**Bm**
Sleep on, you haven't heard a word, perhaps it's just as well,
    　　　　　　　　F♯m　　　　　　　　**Bm**
Why spoil your little dreams, why put you through the hell?
    　　　　G　　　　　　　**F♯m**
Life is no fairy - tale, as one day you will know,
    　　　　　　　　Em　　　　　　　　　**F♯sus4**　**F♯**
But now you're just a child, I'll stay here and watch you grow.

Chorus 3
F♯　　　　**Bm**　　　**Em**
Because you're all I have, my boy,
    　　A　　　　　**Dmaj7**
You are my life, my pride, my joy.
  G♯m7♭5　　　**C♯7**　　　　　　**F♯sus4**　**F♯**
And if I stay, I stay be - cause of you, my boy.

Chorus 4
  F♯　　　　　**Bm**　　　**Em**
‖: Yeah, because you're all I have, my boy,
    　　A　　　　　**Dmaj7**
You are my life, my pride, my joy.
  G♯m7♭5　　　**C♯7**　　　　　　**F♯sus4**　**F♯**
And if I stay, I stay be - cause of you, my boy.　　:‖　*Repeat to fade*

Mystery Train

Words & Music by
Sam C. Phillips & Herman Parker Jr

E   A/E   A7   B7

Intro | E A/E E A/E | E A/E E A/E | E A/E E A/E ||

Verse 1

   A7   **E**   **A/E E A/E** | **E A/E E A/E** |
Train I ride, sixteen coaches long.
   A7   **E**   **A/E E A/E** | **E A/E E A/E** |
Train I ride, sixteen coaches long.
        B7
Well, that long black train
  A7   **E**   **A/E E A/E** | **E A/E E A/E** ||
Got my baby and gone.

Verse 2

  A7
Train train, comin' 'round,
            E   **A/E E A/E** | **E A/E E A/E** |
'Round the bend.
  A7   **E**   **A/E E A/E** | **E A/E E A/E** |
Train train, comin' 'round the bend.
     B7
Well it took my baby,
  A7   **E**   **A/E**   **E**   **A/E** | **E A/E E A/E** ||
But it never will again (no, not a - gain).

Verse 3

  A7   **E**   **A/E E A/E** | **E A/E E A/E** |
Train train, comin' down, down the line.
  A7   **E**   **A/E E A/E** | **E A/E E A/E** |
Train train, comin' down the line.
    B7
Well it's bringin' my baby,
  A7   **E**
'Cause she's mine, all, all mine.
A/E   **E**   **A/E**   **E**   **A/E**   **E**   **A/E**   **E**   **A/E**
(She's mine, __ all, all   mine. __)

© Copyright 1955 Hi-Lo Music Incorporated/Hill And Range Songs Incorporated, USA.
Carlin Music Corporation.
All Rights Reserved. International Copyright Secured.

Instrumental	| A7	| A7	| E	| E	|
	| B7	| A7	| E A/E E A/E	| E A/E E A/E ‖	

Verse 4

   A7
Train train, comin' 'round,
      E   **A/E E A/E** | **E A/E E A/E** |
'Round the bend.
     A7   **E**   **A/E E A/E** | **E A/E E A/E** |
Train train, comin' 'round the bend.
  B7
Well it took my baby,
A7   **E** **A/E E**   **A/E** | **E A/E E A/E** ‖
  But it never will again   (never will again).

Coda	| A7	| A7	| E A/E E A/E	| E A/E E A/E ‖
				Fade out

One Night

**Words & Music by
Dave Bartholomew, Pearl King & Anita Steiman**

E   B7   E7   A   F#

Intro | E   B7 | E ||

Verse 1

N.C.   **E**
One night with you
          B7
Is what I'm now praying for,

The things that we two could plan
                   E
Would make my dreams come true.

Verse 2

N.C.   **E**
Just call my name
     B7
And I'll be right by your side,

I want your sweet helping hand,
               E   **E7**
My love's too strong to hide.

Bridge 1

   A
    Always lived very quiet life:
E
I ain't never did no wrong.
F#
    Now I know that life without you
B7   **N.C.**
Has been too lonely too long.

© Copyright 1957 Travis Music Incorporated/Unart Music Corporation/Elvis Presley Music/
R&H Music Company, USA.
Sony/ATV Music Publishing (UK) Limited.
All Rights Reserved. International Copyright Secured.

Verse 3

    N.C.   **E**
One night with you
          B7
Is what I'm now praying for,

The things that we two could plan
                        E   **E7**
Would make my dreams come true.

Bridge 2

A
   Always lived very quiet life:
E
   I ain't never did no wrong.
F#
   Now I know that life without you
  B7   **N.C.**
Has been too lonely too long.

Verse 4

N.C.   **E**
One night with you
      B7
Is what I'm now praying for,

The things that we two could plan
N.C.   **E** **A** **E** **B7** **E7**
Would make my dreams come true. _____

Paralyzed

Words & Music by
Otis Blackwell & Elvis Presley

Intro | A | D | D ||

Verse 1
       D
When you looked into my eyes,
                          A
I stood there like I was hypno - tised.
          D7
You sent a feeling to my spine,
        G
A feeling warm and smooth and fine,
D   **A**   **D**
All I could do was stand there para - lyzed.

Verse 2
       D
When we kissed, ooh what a thrill,
                                  A
You took my hand and, ooh baby, what a chill.
     D7
I felt like grabbin' you real tight,
G
Squeeze and squeeze with all of my might,
D   **A**   **D**
All I could do was stand there para - lyzed.

Bridge 1
(**D**)   **G**   **D**
Oh yeah lucky me, I'm singing every day, ooh.
G   **D**
Ever since the day you came my way, ooh.
       G   **D**   **Bm**
You made my life for me just one big   happy game,
    E   **A**
I'm gay every morning, at night I'm still the same.

© Copyright 1956 Elvis Presley Music, USA.
Carlin Music Corporation.
All Rights Reserved. International Copyright Secured.

	(A) **D**
Verse 3	Well do you remember that wonderful time,
	A
	When you held my hand and swore that you'd be mine?
	D7
	In front of the preacher you said "I do,"
	G
	I couldn't say a word for thinking of you,
	D **A** **D**
	All I could do was stand there para - lyzed.

Bridge 2   As Bridge 1

	(A) **D**
Verse 4	Honey child do you remember that wonderful time
	A
	When you held my hand and swore that you'd be mine?
	D7
	In front of the preacher you said "I do,"
	G
	I couldn't say a word for thinking of you,
	D **A** **D**
	All I could do was stand there para - lyzed.
	A **D** **D%**
	All I could do was stand there para - lyzed.

Party

Words & Music by
Jessie Mae Robinson

Verse 1
   N.C.   **C**
Some people like to rock,
N.C.   **C**
Some people like to roll

But movin' and a-groovin'
    C7
Gonna satisfy my soul.

Chorus 1
           F9
Let's have a party, whooo!
       C
Let's have a party.
D7   **G7**   **C**
Send to the store, let's buy some more,
    D7   **G7**   **C**
Let's have a party tonight.

Verse 2
  C **N.C.**   **G♭9**
I never kissed a bear,
F9   **N.C.**   **F9**
I never kissed a goon,
   C
But I can shake a chicken
    C7
In the middle of the room.

Chorus 2   As Chorus 1

Verse 3	**C N.C.** **G♭9**
	Now Honky Tonky Joe is
	F9 **N.C.** **F9**
	Knockin' at the door,
	   C
	Bring him in and fill him up
	     C7
	And set him on the floor.

Chorus 3	As Chorus 1
Verse 4	**C** **N.C.** **G♭9** The meat is on the stove, **F9** **N.C.** **F9** The bread is gettin' hot, **C** Everybody come and taste **C7** A lot of mama's pot.
Chorus 4	As Chorus 1
Coda	**D7** **G7** **C** **C7** We're gonna have a party tonight. _____

Rags To Riches

Words & Music by
Richard Adler & Jerry Ross

E   A   B7   C#m   F#m

Verse 1

    E   A   B7
I know I'd go from rags to riches
                     E   C#m
If you would only say you cared.
                      F#m   B7
And though my pockets may be empty,
       E
I'd be a million - aire.

                    A   B7
My clothes may still be torn and tattered,
              E   C#m
But in my heart I'd be a king.
      F#m
Your love is all that ever mattered,
    B7
It's every - thing.

Verse 2

(B7) E   B7
So   open your arms and you'll open the door
                 E
To all the treasure that I'm   living for.
              B7   E   A E
Hold me and kiss me and   tell me you're mine ever - more.
E   A   B7
Must I forever stay a beggar
                  E   C#m
Whose golden dreams will not come true?
      F#m
Or will I go from rags to riches?
B7   E   A E
My fate is up to you.

© Copyright 1953 Lakshmi Puja Music Limited/J-J Ross Company.
Warner/Chappell Music Limited.
All Rights Reserved. International Copyright Secured.

Tell Me Why

Words & Music by
Titus Turner

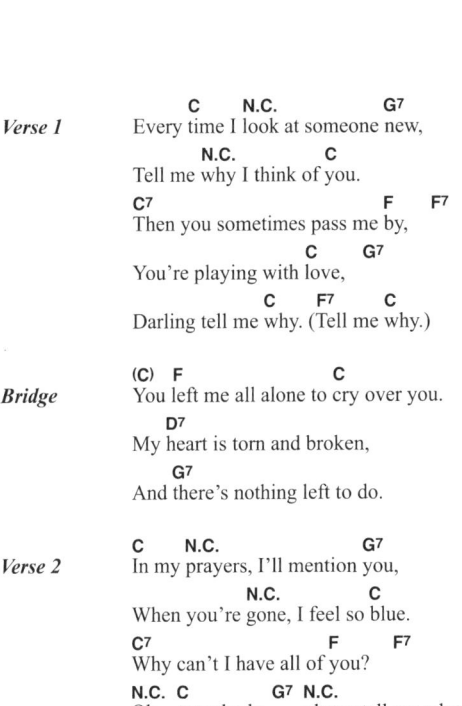

Verse 1
          C   N.C.   G7
Every time I look at someone new,
    N.C.   C
Tell me why I think of you.
C7   F   F7
Then you sometimes pass me by,
                   C   G7
You're playing with love,
              C   F7   C
Darling tell me why. (Tell me why.)

Bridge
(C) F   C
You left me all alone to cry over you.
      D7
My heart is torn and broken,
      G7
And there's nothing left to do.

Verse 2
C N.C.   G7
In my prayers, I'll mention you,
               N.C.   C
When you're gone, I feel so blue.
C7   F   F7
Why can't I have all of you?
N.C. C   G7 N.C.
Oh,   somebody,   please tell me why.
            C
Tell me why.

Return To Sender

Words & Music by
Otis Blackwell & Winfield Scott

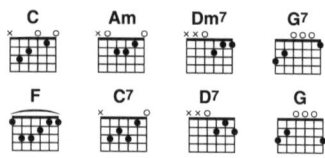

Capo third fret

Intro
    C   **Am**
    Return to sender,
Dm7   **G7**
    Return to sender.

Verse 1
    C   **Am**
    I gave a letter to the postman,
Dm7   **G7**
    He put it in his sack.
    C   **Am**
    Bright and early next morning
    Dm7   **G7** **C**
He brought my letter back.
N.C.
(She wrote upon it:)

Chorus 1
    F   **G7**
    Return to sender,
    F   **G7**
    Address unknown,
    F   **G7**
    No such number,
    C   **C7**
    No such zone.
    F   **G7**
    We had a quarrel,
    F   **G7**
    A lovers' spat.
D7   **G**
    I write I'm sorry but my letter keeps coming back.

© Copyright 1962 Elvis Presley Music, USA.
Manor Music Company Limited.
All Rights Reserved. International Copyright Secured.

Verse 2

    C   **Am**
So then I dropped it in the mailbox,

Dm7   **G7**
And sent it special D

 C   **Am**
Bright and early next morning

  Dm7   **G7** **C**
It came right back to me.

N.C.
(She wrote upon it:)

Chorus 2

 F   **G7**
Return to sender,

F   **G7**
Address unknown,

F   **G7**
No such person,

C   **C7**
No such zone.

Bridge

F
This time I'm gonna take it myself

  C
And put it right in her hand,

 D7
And if it comes back the very next day

G
Then I'll understand.

N.C.
(The writing in it.)

Chorus 3

 F   **G7**
Return to sender,

F   **G7**
Address unknown,

F   **G7**
No such number,

C   **C7**
No such zone.

Chorus 4   ‖: **F**   **G7** :‖ *Repeat to fade*
                Return to sender.

Rock-A-Hula Baby

Words & Music by
Fred Wise, Ben Weisman & Dolores Fuller

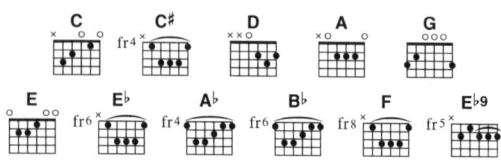

Intro
    C
Rock-a-hula, rock, rock-a-hula.

Rock-a-hula, rock, rock-a-hula.
C#
Rock-a-hula, rock, rock-a-hula.

Rock-a-hula, rock, rock-a-hula.
D
Rock-a-hula, rock, rock-a-hula.

Rock-a-hula, rock!
A
A-hula-rock, a-hula-rock, a-hula-rock, a-hula-rock, a-hula-rock!

Verse 1
  (A)   **D**
The way she moves her hips up to her fingertips,
  G   **D**
I feel I'm heaven bound.
           A
And when she starts to sway, I've gotta say
    E   **A**   **D**
She really move the grass a - round.

Chorus 1
D   **G**
Rock   -a-hula baby,
D   **G**
Rock   -a-hula baby.
          D   **G**   **D**
Got a hula - lu from a - Hono - lu,
  A   **D**
That rock-a-hula baby of mine.

© Copyright 1961 Gladys Music Incorporated, USA.
Carlin Music Corporation.
All Rights Reserved. International Copyright Secured.

Link 1
        E♭
        Rock-a-hula, rock, rock-a-hula.

    Rock-a-hula, rock!

Verse 2
E♭
Although I love to kiss my little hula miss,
  A♭   **E♭**
I never get the chance.
        B♭
I wanna hold her tight all through the night,
  F   **B♭** **E♭**
But all she wants to do is dance.

Chorus 2
E♭ **A♭**
Rock   -a-hula baby,
E♭ **A♭**
Rock   -a-hula baby.
            E♭   **A♭**   **E♭**
Got a hula - lu from a - Hono - lu,
  B♭   **E♭**
That rock-a-hula baby of mine.

Bridge
  E♭   **A♭**
𝄆 Ah rock   -a-hula baby,
E♭ **A♭**
Rock   -a-hula baby.
E♭
Rock-a-hula baby.
B♭   **E♭**
Rock, rock, rock, rock. 𝄇

Chorus 3   As Chorus 2

Outro
              F   **B♭**   **E♭**   **E♭9**
Well that rock-a-hula baby of mine.
Half time

Rubberneckin'

Words & Music by
Bunny Warren & Dory Jones

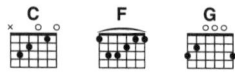

Intro	| C | C | C | C ||

Chorus 1
C   F   C   F
Stop, look and listen baby, that's my philoso - phy.
C   F   C   F
It's called rubber - neckin' baby, well that's all right with me.
C   F   C   F
Stop, look and listen baby, that's my philoso - phy.
C   F   C
It's called rubber - neckin' baby, but that's all right with me.

Bridge 1
F   C
Some people say I'm wasting time, but they don't really know.
F   G
I like what I see, I see what I like yeah, it gives me such a glow,

Yeah, yeah, yeah.

Verse 1
                 C
The first thing in the morning, last thing at night,

I look, stare, everywhere and see everything in sight.
C   F   C   F
Stop, look and listen baby, that's my philoso - phy.
C   F   C   F
It's called rubber - neckin' baby, well that's all right with me.

© Copyright 1970 Elvis Presley Music.
Carlin Music Corporation.
All Rights Reserved. International Copyright Secured.

	F C
Bridge 2	People say I'm wasting time yeah, but I don't really care.

                F   G

I see what I like, I like what I see yeah, and it gives me such a glow.

Oh, oh, oh.

Verse 2

  C

Sittin' on the back porch all by myself,

Along came Mary Jane with somebody else, hey, hey, hey.

  C   F   C   F

Stop, look and listen baby, that's my philoso - phy.

  C   F   C   F

It's called rubber - neckin' baby, that's all right with me,

          C

Hey, hey, hey, hey.

Outro

  C   F   C   F

Hey, hey hey, hey baby, that's all right with me.

  C   F   C   F

  Rubber - neckin' baby, but that's all right with me,

          C

Hey, hey, hey, hey.   *Fade out*

Santa Claus Is Back In Town

Words & Music by
Jerry Leiber & Mike Stoller

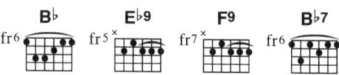

	(B♭) (E♭) (B♭) F9
Intro	(Christmas, Christmas, Christmas.)

	(F♭) B♭ E♭9
Verse 1	Well, it's Christmas time pretty baby,
	B♭
	And the snow is falling on the ground.
	E♭9
	Well, it's Christmas time pretty baby,
	B♭
	And the snow is falling down.
	F9 E♭9
	Well you be a real good little girl,
	B♭
	Santa Claus is back in town.

	B♭
Verse 2	Got no sleigh with reindeer,
	No sack on my back,
	B♭7
	You're gonna see me comin' in a big black Cadillac.
	E♭9
	Oh, it's Christmas time pretty baby,
	B♭
	And the snow is falling on the ground.
	F9 E♭9
	Well you be a real good little baby,
	B♭
	Santa Claus is back in town.

© Copyright 1957 Elvis Presley Music Incorporated, USA.
Carlin Music Corporation.
All Rights Reserved. International Copyright Secured.

	B♭ E♭9 B♭ B♭7
Link	(Christmas, Christmas, Christmas.)

Piano solo | E♭9 | E♭9 | B♭ | B♭ |
              | F9 | E♭9 | B♭ | B♭ ‖

Verse 3
B♭
Hang up your pretty stockings

And turn off the light,
                                  B♭7
Santa Claus is comin' down your chimney tonight.
   E♭9
Oh, it's Christmas time pretty baby,
                      B♭
And the snow is falling on the ground.
    F9   E♭9
Well you be a real good little baby,
                B♭
Santa Claus is back in town.

	B♭ E♭9 B♭ B♭7
Outro	(Christmas, Christmas, Christmas.)

She's Not You

Words & Music by
Jerry Leiber, Mike Stoller & Doc Pomus

Verse 1

   N.C.   F   C7
Her hair is soft and her eyes are oh so blue,
        Bb   C7
She's all the things a girl should be,
         F   C
But she's not you.

Verse 2

   N.C.   F   C7
She knows just how to make me laugh when I feel blue.
      Bb   C7
She's ev'rything a man could want,
        F   Bb   F
But she's not you.

Bridge 1

 A
    And when we're dancing
F7
    It almost feels the same,
Bb
    I've got to stop myself from
A7 N.C.
    Whisp'ring your name.

Verse 3

   N.C.   F   C7
She even kisses me like you used to do.
        Bb   C7
And it's just breaking my heart
         F   C
'Cause she's not you.

Piano solo | **F** | **F** | **C7** |

C7   **N.C.**   **B♭**   **C7**
     And it's just breaking my heart
                   F   **B♭**   **F**
'Cause she's not you.

Bridge 2

A
    And when we're dancing
F7
    It almost feels the same,
B♭
    I've got to stop myself from
A7 N.C.
    Whisp'ring your name.

Verse 4

N.C.   **F**   **C7**
She even kisses me like you used to do.
          B♭   **C7**
And it's just breaking my heart
         F   **B♭**
'Cause she's not you.
F   **B♭**   **C7**
   And it's just breaking my heart
         F   **B♭**   **F**
'Cause she's not you.

Stuck On You

Words & Music by
Aaron Schroeder & J. Leslie McFarland

G   C   D

Intro | G | G | G | G ||

Verse 1
(G)
You can shake an apple off an apple tree,

Shake a-shake a-sugar but you'll never shake me.
      C   G
Uh-huh-huh, no siree, uh-huh-huh.
    D   C
I'm gonna stick like glue,
N.C. (G)   D
Stick because I'm stuck on you.

Verse 2
     G
I'm gonna run my fingers through your long black hair,

Squeeze you tighter than a grizzly bear.
    C   G
Uh-huh-huh, yes siree, uh-huh-huh.
    D   C
I'm gonna stick like glue,
N.C. (G)
Stick because I'm stuck on you.

Bridge 1
C
Hide in the kitchen, hide in the hall,
G
Ain't gonna do you no good at all,
    C
'Cause once I catch you and the kissing starts,
  D **N.C.**   D
A team of wild horses couldn't tear us apart.

Verse 3
        G
I thought I'd take a tiger from this Daddy's side,

That's how love is gonna keep us tied,
    C   **G**
Uh-huh-huh, uh-huh-huh, oh yeah.
      D   **C**
I'm gonna stick like glue,
N.C.   **(G)**
Stick because I'm stuck on you.

Bridge 2   As Bridge 1

Verse 4
        G
I thought I'd take a tiger from this Daddy's side,

That's how love is gonna keep us tied,
    C   **G**
Uh-huh-huh, yes siree, uh-huh-huh.
      D   **C**
I'm gonna stick like glue,
N.C.   **(G)**
Stick because I'm stuck on you.
      D   **C**
I'm gonna stick like glue,
N.C.   **(G)**
Stick because I'm stuck on you.

Surrender

Words by G. B. De Curtis
Music by E. De Curtis

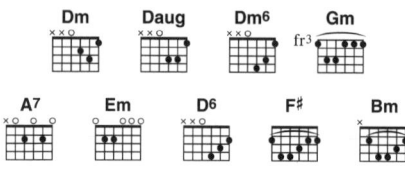

Capo first fret

Intro   ‖: **Dm**   **Daug** | **Dm6**   **Daug** :‖   *Play 3 times*

Verse

Dm   **Daug**   **Dm6**   **Daug**   **Dm**
When we kiss my heart's on fire

Gm   **Dm**
Burning with a strange desire,

Gm   **Dm**
And I know each time I kiss you

A7   **Dm**
That your heart's on fire too.

Chorus

N.C.   **Em7**
So, my darling, please surrender

A7   **D6**
All your love so warm and tender,

                      Em7
Let me hold you in my arms, dear,

A7   **D6**
While the moon shines bright above.

                 Em7
All the stars will tell the story

A7   **F#**   **Bm**
Of our love and all its glory,

Gm   **Dm**
Let us take this night of magic

A7   **Dm**
And make it a night of love.

© Copyright 1960 Elvis Presley Music Incorporated, USA.
Edizioni Bideri S.p.A., Italy.
All Rights Reserved. International Copyright Secured.

Coda

N.C.   **Em7**
Won't you please surrender to me
A7   **D6**
   Your lips, your arms, your heart, dear.
Gm   **Dm**   **A7**   **N.C.**
   Be mine forever,   be mine to - (night.)

| **Dm**   **Daug** | **Dm6**   **Daug** |
- night.

||: **Dm**   **Daug** | **Dm6**   **Daug** :|| *Repeat to fade*

Suspicion

Words & Music by
Doc Pomus & Mort Shuman

Tune guitar slighty sharp

Intro ‖: D | D | Em7 | Em7 :‖

Verse 1
D
Ev'rytime you kiss me

                      Em7
I'm still not certain that you love me.

Ev'ry time you hold me

                      D
I'm still not certain that you care.

Though you keep on saying

         Em7
You really, really, really love me,

Do you speak the same words

                      D
To someone else when I'm not there?

Chorus 1
   Bm   **D/A**
Suspicion torments my heart,
   Bm   **D/A**
Suspicion keeps us apart;
   Bm   **A7**
Suspicion, why torture me?

© Copyright 1962 Elvis Presley Music, USA.
Carlin Music Corporation.
All Rights Reserved. International Copyright Secured.

Verse 2

D
Ev'rytime you call me
                           Em7
And tell me we should meet tomorrow,

I can't help but think that
                      D
You're meeting someone else tonight.

Why should our romance just
                     Em7
Keep on causing me such sorrow?

Why am I so doubtful
                      D
Whenever you are out of sight?

Chorus 2   As Chorus 1

Verse 3

D
Darling, if you love me,
                 Em7
I beg you wait a little longer,

Wait until I drive all
              D
These foolish fears out of my mind.

How I hope and pray that
                         Em7
Our love will keep on growing stronger.

Maybe I'm suspicious
                      D
'Cause true love is so hard to find.

Chorus 3   As Chorus 1

Coda | **D** | **D** | **Em7** | **Em7** | **D** ||
                                                                                         Fade out

Suspicious Minds

Words & Music by
Francis Zambon

Intro	| G C/G | G C/G ||

Verse 1

G   C/G   G   C/G
We're caught in a trap,

C   F/C   C   F/C
I can't walk out

D   C   G   C/G G C/G
Because I love you too much baby.

G   C/G   G   C/G
 Why can't you see

C   F/C   C   F/C
What you're doing to me,

D   C   D   C Bm D
When you don't believe a word I'm saying?

Chorus 1

C   G   Bm   C   D
We can't go on together with suspicious minds

Em   Bm   C   D
And we can't build our dreams on suspicious minds.

Verse 2

G   C/G   G   C/G
So if an old friend I know

C   F/C   C   F/C
Stops by to say hello

D   C   G C/G G C/G
Would I still see suspicion in your eyes?

G   C/G G   C/G
Here we go again

C   F/C   C   F/C
Asking where I've been,

D   C   D   C Bm D
You can't see the tears are real I'm crying.

© Copyright 1969 Sony/ATV Songs LLC, USA.
Sony/ATV Music Publishing (UK) Limited.
All Rights Reserved. International Copyright Secured.

Chorus 2
          C   G   Bm   C   D
          We can't go on together with suspicious minds

          Em   Bm   C   B7sus4 B7
          And we can't build our dreams on suspicious minds.

Bridge
          Em   Bm   C   D
          Oh let our love survive, I'll dry the tears from your eyes

          Em   Bm
          Let's don't let a good thing die

          C   D   G   C
          When honey, you know I've never   lied to you, hmmm-mmm.

          G   D
          Yeah, yeah.

Verse 3
          G   C/G   G   C/G
          We're caught in a trap,

          C   F/C   C   F/C
          I can't walk out

          D   C   G   C/G G   C/G
          Because I love you too much baby.

          G   C/G   G   C/G
           Why can't you see

          C   F/C   C   F/C
          What you're doing to me,

          D   C   G   C/G G   C/G
          When you don't believe a word I'm saying.

Ah don't you know...

Verse 4   ‖: As Verse 3 :‖   *Repeat to fade*

That's All Right

Words & Music by
Arthur Crudup

A A7 D7 E

Intro | A | A ||

Verse 1
     A
Well, that's all right, mama,

That's all right for you;

That's all right mama,
  A7
Just anyway you do.
    D7
Well, that's all right, that's all right.
     E   A
That's all right now, mama, anyway you do.

Verse 2
    A
Well Mama she done told me,

Papa done told me too,

Son, that gal you're foolin' with,
  A7
She ain't no good for you.
    D7
But, that's all right, that's all right.
    E   A
That's all right now mama, anyway you do.

Solo | A | A | A | A7 |

| D7 | D7 | E | E | A | A ||

Verse 3
            A
I'm leaving town, baby,

I'm leaving town for sure.

Well, then you won't be bothered with me
A7
Hanging 'round your door.
           D7
Well, that's all right, that's all right.
        E   **A**
That's all right now mama, anyway you do.

Coda
           A
Ah da da dee dee dee dee, dee dee dee dee,

Dee dee dee dee.
         D7
I need your loving, that's all right,
        E   **A**
That's all right now mama, anyway you do.

| **A** | **A** ||

There Goes My Everything

Words & Music by
Dallas Frazier

Capo 1st Fret

Intro | D |

     G   G7   C
There goes my only pos - session,
     G   D   G
Oh, there goes my every - thing.

Verse 1
     G   C   G
I hear footsteps slowly walking,
                      D   G   D
As they gently walk a - cross the lonely floor.
     G   C   G
And a voice is softly saying,
                  D   G   D
Darling this will be good - bye for ever - more.

Chorus 1
     G   D   G   G7
There goes my reason for living,
     C   D   G
Oh, there goes the one of my dreams.
         G7   C
There goes my only pos - session,
     G   D   G
Oh there goes my every - thing.

Verse 2
     G   C   G
As my memory turns back the pages,
              D   G   D
I can see the happy years we've had be - fore.
     G   C   G
Now the love that kept this old heart beating
              D   G   D
Has been shattered by the closing of the door.

© Copyright 1965 (Renewed 1993) Blue Crest Music Incorporated/Husky Music Incorporated, USA.
Acuff-Rose Music Limited.
All Rights Reserved. International Copyright Secured.

	G D G G7
Chorus 2	Well there goes my reason for living,

                            G   D   G   G7

Chorus 2   Well there goes my reason for living,

                            C   D   G

                Oh, there goes the one of my dreams.

                                          G7   C

                Well there goes my only pos - session,

                       G   D   G   D

                Oh there goes my every - thing.

                           G   G7   C

Outro   There goes my only pos - session,

                     G   D   C   G

                Oh there goes my every - thing.

Too Much

Words & Music by
Lee Rosenberg & Bernard Weinman

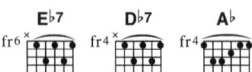

Tune guitar slightly sharp

Intro | E♭7 | D♭7 | A♭ | A♭ ||

Verse 1
    A♭
Well Honey, I love you too much,

I need your lovin' too much;
D♭7
Want the thrill of your touch,
A♭
Gee, I can't love you too much.
E♭7
You do all the livin'
  D♭7
While I do all the givin'
  A♭   **E♭7**
'Cause I love you too much.

Verse 2
    A♭
Well you spend all my money too much,

I have to share you honey, too much.
D♭7
When I want some lovin', you're gone.
A♭
Don't you know you're treatin' your Daddy wrong.
E♭7
Now you got me started
  D♭7
Don't you leave me broken hearted
  A♭   **E♭7**
'Cause I love you too much.

© Copyright 1956 Elvis Presley Music/Southern Belle Music, USA.
Carlin Music Corporation (25%)/MCS Music Limited (75%).
All Rights Reserved. International Copyright Secured.

	A♭7
Verse 3	I need your lovin' all the time,

          Need your huggin', please be mine.
          D♭7
          Need you near me, stay real close.
          A♭
          Please, please, hear me, you're the most.
          E♭7   D♭7
          Now you got me started don't you leave me broken hearted
                A♭   E♭7
          'Cause I love you too much.

Solo | A♭ | A♭ | A♭ | A♭ | D♭7 | D♭7 |

        | A♭ | A♭ | E♭7 | D♭7 | A♭ | A♭ ||

          A♭
Verse 4   Ev'ry time I kiss your sweet lips

          I can feel my heart go flip flip.
          D♭7
          I'm such a fool for your charms,
          A♭
          Take me back a-baby in your arms.
          E♭7   D♭7
          Like to hear you sighin' even though I know you're lyin'
                A♭   E♭7
          'Cause I love you too much.

          A♭7
Verse 5   I need your lovin' all the time,

          Need your huggin', please be mine.
          D♭7
          Need you near me, stay real close.
          A♭
          Please, please, hear me, you're the most.
          E♭7   D♭7
          Now you got me started don't you leave me broken-hearted
                A♭
          'Cause I love you too much.

Treat Me Nice

Words & Music by
Jerry Leiber & Mike Stoller

Chords: G7, C, F, F#dim7, D7, C7

Intro | G7 | G7 | C | C | C | C ||

Verse 1
    C
When I walk through that door, baby be polite.
    F   F#dim7
You're gonna make me sore if you don't greet me right.
               G7   C   D7   G7
Don't you ever kiss me once, kiss me twice,
    C
Treat me nice.

Verse 2
    C
I know that you've been told it's not fair to tease.
    F   F#dim7
So if you come on cold, I'm really gonna freeze.
    G7   C   D7   G7
If you don't want me to be cold as ice,
    C
Treat me nice.

Bridge 1
    F   C   G7   C
Make me feel at home if you really care.
    F   C   D7   G7
Scratch my back and run your pretty fingers through my hair.

Verse 3
    C
You know I'd be your slave if you ask me to,
    F   F#dim7
But if you don't behave, I'll walk right out on you.
    G7   C   D7   G7
If you want my love then take my ad - vice,
    C
Treat me nice.

© Copyright 1957 Elvis Presley Music, USA.
Carlin Music Corporation.
All Rights Reserved. International Copyright Secured.

Bridge 2   As Bridge 1

Verse 4
    C
You know I'd be your slave if you ask me to,
  F   **F♯dim7**
But if you don't behave, I'll walk right out on you.
  G7   **C**   **D7**   **G7**
If you want my love then take my ad - vice,
    C
Treat me nice.

Treat me nice.
  D7   **G7**   **C**   **C7**
If you really want my loving treat me nice.

Trouble

Words & Music by
Jerry Leiber & Mike Stoller

| C9 | A♭9 | G9 | C | F9 | D7 | Dm7 |

Intro | C9 | C9 A♭9 G9 ||

Verse 1
    (C)
If you're looking for trouble

You came to the right place,

If you're looking for trouble

Just look right in my face.

I was born standing up

And talking back,
N.C.   **C9**
My daddy was a green-eyed mountain jack.

Chorus 1
        F9
Because I'm evil,
             C9
My middle name is misery,
    G9
Well I'm evil,
F9 N.C.   **C9 A♭9 G9**
So don't you mess around with me.

Verse 2
   (C)
I've never looked for trouble

But I've never ran,

I don't take no orders

From no kind of man.

© Copyright 1958 Elvis Presley Music, USA.
Carlin Music Corporation.
All Rights Reserved. International Copyright Secured.

cont.   I'm only made out

Of flesh, blood and bone,
N.C.
But if you're gonna start a rumble
        C9
Don't you try it on alone.

         F9
Chorus 2   Because I'm evil,
                  C9
My middle name is misery,
    G9
Well I'm evil,
F9 N.C.   **C9**
  So don't you mess around with me.

    C9
Coda   I'm evil, evil, evil, as can be,
    F9   **C9**
I'm evil, evil, evil, as can be.
  G9   **N.C.**   **G9**   **N.C.**
So don't mess around, don't mess around,
G9   **N.C.**   **C9**
Don't mess around with me.
             F9 C9
I'm evil, I'm evil, evil, evil,
  G9   **F9**   **C9**
So don't mess around, don't mess around with me.
  D7
I'm evil, I tell you I'm evil,
  Dm7   **G9**   **C9**
So don't mess around with me. _____

| **G9** C | **G9** C ‖
                    Yeah!

Trying To Get To You

Words & Music by
Charles Singleton & Rose Marie McCoy

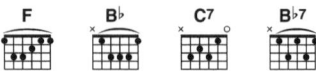

Verse 1
    N.C.   F
I've been travelling over mountains,

Even through the valleys too.
    N.C.   B♭
I've been travelling night and day,
                      C7
I've been running all the way
            F
Baby, trying to get to you.

Verse 2
      F
Ever since I read your letter,

Where you said you loved me true.
    N.C.   B♭
I've been travelling night and day,
                      C7
I've been running all the way
            F
Baby, trying to get to you.

Bridge 1
    F   B♭7
When I read your loving letter,
                F
Then my heart began to sing.
                      B♭7
There were many miles be - tween us,
                  C7
But they didn't mean a thing.

© Copyright 1955 Motion Music Company, USA.
Carlin Music Corporation.
All Rights Reserved. International Copyright Secured.

Verse 3

    N.C.   **F**
I just had to reach you baby,

In spite of all that I've been through.
N.C.   **B♭**
I kept travelling night and day,
               C7
I kept running all the way
             F
Baby, trying to get to you.

Guitar solo

| B♭7 | B♭7 | F | F |
| B♭7 | B♭7 | C7 | N.C. ||

Verse 4

N.C.   **F**
Well if I had to do it over,

That's exactly what I'd do.
N.C.   **B♭**
I would travel night and day,
              C7
And I'd still run all the way,
             F
Baby, trying to get to you.

Bridge 2

F   **B♭7**
Well, there's nothing that could hold me,
                           F
Or that could keep me away from you.
               B♭7
When your loving letter told me
             C7
That you really loved me true.

Verse 5

N.C.   **F**
Lord above me knows I love you,

It was He who brought me through.
N.C.   **B♭7**
When my way was dark at night,
                 C7
He would shine His brightest light
             F
When I was trying to get to you.

U.S. Male

Words & Music by
Jerry Reed Hubbard

Tune guitar down a semitone

	A	Bm
Intro	I'm a U.S. Male	'cause I was born

E7　　　　　　　　　　**A**
In a Mississippi town on a Sunday morn.

　　　　A7　　　　　　　　　　　　**D**
Now Mississippi just happens to occupy a place

　　　　　　　E7　　　　　　　　　　　**A**
In the south - eastern portion of this here United States.

A7　　　　　　　　　　**D**　　　　　　　　**E7**
　Now that's a matter of fact, buddy and you know it well,

　　　　　　　　　　　　A
So I just call myself the U.S. Male.

That's M-A-L-E, son. That's me!

Link　　　| **A7**　　| **A7**　　‖

Verse 1
A7　　　　　　　　　　**Bm**
Now I said all that to say all this:

　　　　E7　　　　　　　　　　　　**A7**
I've been watchin' the way you've been watchin' my miss.

　　　A7　　　　　　　　　　**D**
For the last three weeks you been hot on her trail,

　　　E7　　　　　**A7**
And you kinda upset this U.S. Male.

　　　　　　　　　　　　　　　Bm
You touch her once with your greasy hands,

　　　E7　　　　　　　　　　　**A7**
I'm gonna stretch your neck like a long rubber band.

　　A7　　　　　　　　**D**
She's wearin' a ring that I bought her on sale,

　　E7　　　　　　　　　　**A7**
That makes her the property of this U.S. Male.

Chorus 1

   D7   **A**
You better not mess with the U.S. male my friend,
   D7   **A**
The U.S. male gets mad, he's gonna do you in.
   D7   **A**
You know what's good for your - self son,
     D7   **A**
You better find somebody else son,
  Bm   **E7**   **A**
Don't tamper with the proper - ty of the U.S. Male.

Instr. 1 | A | A | A | A7 | D | E7 | A | A ||

Verse 2

A7   **Bm**
Through the rain and the heat and the sleet and the snow
 E7   **A7**
The U.S. Male is on his toes.
 A7   **D**
Quit watchin' my woman, for that ain't wise,
 E7   **A7**
You ain't pullin' no wool over this boy's eyes.
      Bm
I catch you 'round my woman, champ,
   E7   **A7**
I'm gonna leave your head 'bout the shape of a stamp.
 A7   **D**
Kinda flattened out, so you'll do well
 E7   **A7**
To quit playin' games with this U.S. Male.

Chorus 2 As Chorus 1

Instr. 2 | A | A | A | A7 |

     | D | E7 | A | A ||

Outro

A
I'm gonna tell it like it is son,

I catch you messin' 'round with that woman of mine,

I'm gonna lay one on ya, man.

You're talkin' to the U.S. Male,

The American U.S. Male. *Fade out*

Viva Las Vegas

Words & Music by
Doc Pomus & Mort Shuman

G   B7   Em   C   A7   D7

Intro | G | G | G | G ||

Verse 1
    G
Bright light city gonna set my soul,

Gonna set my soul on fire.

Got a whole lot of money that's ready to burn,

So get those stakes up higher.
      B7 Em
There's a thousand pretty women waitin' out there

And they're all livin' devil-may-care,

And I'm just the devil with love to spare, so:

Chorus 1
  C   **G**   **C**   **G**
Viva Las Vegas, viva Las Vegas.

Verse 2
  G
How I wish that there were more

Than the twenty-four hours in the day,

'Cause even if there were forty more

I wouldn't sleep a minute away.
  B7   **Em**
Oh, there's black jack and poker and the roulette wheel,

A fortune won and lost on ev'ry deal,

All you need's a strong heart and a nerve of steel.

© Copyright 1964 Elvis Presley Music, USA.
Carlin Music Corporation.
All Rights Reserved. International Copyright Secured.

	C　　　G　C　　G
Chorus 2	Viva Las Vegas, viva Las Vegas.

	C
Bridge	Viva Las Vegas with your neon flashin'

And your one-arm bandits crashin'
G
All those hopes down the drain.
C
Viva Las Vegas turnin' day into night-time,

Turnin' night into daytime,
　　　　A7
If you see it once
　　　　　　　　　　D7
You'll never be the same again.

	G
Verse 3	I'm gonna keep on the run,

I'm gonna have me some fun

If it costs me my very last dime.

If I wind up broke up, well,

I'll always remember that I had a swingin' time.
B7 Em
　　I'm gonna give it ev'rything I've got,

Lady luck, please let the dice stay hot,

Let me shoot a seven with ev'ry shot.

	C　　　G　C　　　G　C　　　G
Chorus 3	Viva Las Vegas, viva Las Vegas, viva Las Vegas,
	C　　D7　　G
	Viva, viva Las Vegas. _____

	‖: G ｜ G ｜ G ｜ G :‖　*Repeat to fade*
Coda	

Way Down

Words & Music by
Layng Martine Jr.

Intro	| C	| C	| C	| C	| C	| C ||

Verse 1
C
Babe, you're getting closer, the lights are goin' dim;

The sound of your breathin' has made the mood I'm in.
F7   B♭   F7   B♭
All of my resistance   is lying on the floor,
C   G   C   Dm C
Taking me to places I've never been before.

Pre-chorus 1
N.C.   G7
Ooh, and I can feel it,

Feel it, feel it, feel it.

Chorus 1
             G7
(Way down,) way down where the music plays,
            C   C7
(Way down,) way down like a tidal wave,
             G7
(Way down,) way down where the fires blaze,
         F   C   F   C   F   Em Dm C
Way do - wn, do - wn, way, way on   down.
         C | C ||
(Way on down.)

© Copyright 1977 Kobalt Music Publishing Limited.
All Rights Reserved. International Copyright Secured.

Verse 2
        C
Ooh, my head is spinnin', you got me in your spell,

A hundred magic fingers on a whirling carousel.
   F7   B♭ F7   B♭
The medicine within me   no doctor could prescribe,
  C   G   C   Dm C
Your love is doing something that I just can't describe.

Pre-chorus 2
N.C.   **G7**
Ooh, and I can feel it,

Feel it, feel it, feel it.

Chorus 2
          G7
(Way down,) way down where the music plays,
     C   C7
(Way down,) way down like a tidal wave,
          G7
(Way down,) way down where the fires blaze,
    F   C   F   C F   Em Dm C
Way do - wn, do - wn, way, way on   down.
     C
(Way on down.)

| C | C | C | C ‖

Bridge
C
Hold me again as tight as you can,

I need you so, baby, let's go.

Chorus 3
          G7
(Way down,) way down where it feels so good,
    C   C7
(Way down,) way down where I hoped it would,
          G7
(Way down,) way down where I never could.
    F   C   F   C F   Em Dm C
Way do - wn, do - wn, way, way on   down,

Way on down.

(Way on down.)

Wear My Ring Around Your Neck

Words & Music by
Bert Carroll & Russell Moody

| A7 | D | G/D | D7 | G7 | E7 |

Intro | A7 | D   G/D   D   (D) | D   G/D   D ‖

Verse 1
```
           N.C.              D   G/D  D              G/D  D
           Won't you wear my ring      around your neck
                           G/D  D           A7
           To tell the world     I'm yours, by heck.
                  D    D7         G7
           Let them see  your love for me
                         D       A7   N.C.     D   G/D  D
           And let them see by the ring around your neck.
```

Verse 2
```
           N.C.              D   G/D  D              G/D  D
           Won't you wear my ring      around your neck
                           G/D  D           A7
           To tell the world     I'm yours, by heck.
                  D    D7         G7
           Let them know  I love you so,
                         D       A7   N.C.     D   G/D  D
           And let them know by the ring around your neck.
```

Bridge 1
```
                 G7                            D
           They say that goin' steady is not the proper thing,
                 G7                                D
           They say that we're too young to know the meaning of a ring.
                 G7                                   D
           I only know that I lova-lova you and that you love me too,
                 E7                       A7
           So, darling, this is what I ask of you.
```

© Copyright 1958 Rush Music Corporation/Elvis Presley Music Incorporated, USA.
Carlin Music Corporation.
All Rights Reserved. International Copyright Secured.

Verse 3

      N.C.   D   G/D D   G/D D
Won't you wear my ring   around your neck
               G/D D   A7
To tell the world   I'm yours, by heck.
         D D7   G7
Let them see   your love for me
              D   A7 N.C.   D G/D D
And let them see by the ring around your neck.

Bridge 2   As Bridge 1

Verse 4

      N.C.   D   G/D D   G/D D
Won't you wear my ring   around your neck
               G/D D   A7
To tell the world   I'm yours, by heck.
         D D7   G7
Let them know   I love you so,
              D   A7 N.C.   D G/D D
And let them know by the ring around your neck.

Coda

            A7
And let them know
          N.C.   D
By the ring around your neck,
           A7
And let them know
| A7 | D | D | D ||
By the ring around your neck. _____

The Wonder Of You

Words & Music by
Baker Knight

G   Em   Am7   D7sus4   D7   D

G7   C   B7   E7   G/B   E♭

Intro | G | Em | Am7 | D7sus4 D7 ||
(Oh oh oh oh)

Verse 1
G   Em
When no-one else can understand me,

Am7   D
When everything I do is wrong,

G   Em
You give me hope and consolation,

Am7   D7
You give me strength to carry on.

Chorus 1
              G   G7
And you're always there to lend a hand

   C   D   Em   B7   E7
In everything I do,

           Am7   D7
That's the wonder,

              G   G/B
The wonder of you.

C   D
(Wonder of you.)

Verse 2
G   Em
And when you smile the world is brighter,

Am7   D
You touch my hand and I'm a king,

G   Em
Your kiss to me is worth a fortune,

Am7   D7
Your love for me is everything.

© Copyright 1958 & 1964 Duchess Music Corporation, USA.
Universal/MCA Music Limited.
All rights in Germany administered by Universal/MCA Music Publ. GmbH.
All Rights Reserved. International Copyright Secured.

	G G7
Chorus 2	I guess I'll never know the reason why

               C   D   Em B7 E7
               You love me as you do.

                   Am7   **D7**
              That's the wonder,

                         G   Em C D
               The wonder of you.

Solo | **G** | **Em** | **Am7** | **D** |
                      (Oh oh oh oh)   (Oh oh oh

            | **G** | **Em** | **Am7** | **D7** ||
            oh)   (Oh oh oh oh)

                    G   **G7**
Chorus 3   I guess I'll never know the reason why

               C   **D**   **Em** **B7** **E7**
               You love me as you do.

                   Am7   **D7**
              That's the wonder,

                        G   **C** **E♭** **G**
               The wonder of you. _____

Wooden Heart

Words & Music by
Fred Wise, Ben Weisman, Kay Twomey & Bert Kaempfert

Capo first fret

Intro | D G | D G | D G | D ||

Verse 1
       D   A7
Can't you see I love you,
      D
Please don't break my heart in two,

That's not hard to do
      Em7   A7   D
'Cause I don't have a wooden heart.

Verse 2
      D   A7
And if you say goodbye,
    D
Then I know that I would cry,

Maybe I would die
      Em7   A7   D
'Cause I don't have a wooden heart.

Bridge 1
    A7   D
There's no strings upon this love of mine
   G   D   D♯dim A7
It was always you from the start.

Verse 3
    D   A7
Treat me nice, treat me good,
   D
Treat me like you really should

'Cause I'm not made of wood,
    Em7   A7   D
And I don't have a wooden heart.

© Copyright 1960 Gladys Music Incorporated, USA.
Carlin Music Corporation.
All Rights Reserved. International Copyright Secured.

Verse 4
        D   **A7**
𝄆 Muss i denn, muss i denn

  D
Zum Städele hinaus,

Stadtele hinaus
  Em7   **A7**   **D**
Und du, mein Schat, bleibst hier? 𝄇

Bridge 2
      A7   **D**
There's no strings upon this love of mine
  G   **D**   **D♯dim A7**
It was always you from the start.

Verse 5
     D   **A7**
Sei mir gut, sei mir gut
  D
Sei mir wie du wirklich sollst,

Wie du wirklich sollst,
    Em7   **A7**   **D**
'Cause I don't have a wooden (heart.)

Coda | **D** **G** | **D** **G** | **D** **G** | **D A7 D** 𝄂
        heart.

(You're The) Devil In Disguise

Words & Music by
Bill Giant, Bernie Baum & Florence Kaye

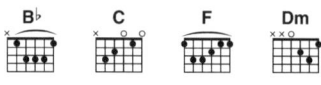

Intro	| B♭ C | F ||

F
Pre-chorus 1 You look like an angel, walk like an angel,
B♭   **C**
Talk like an angel, but I got wise.

N.C.   **F**
Chorus 1   You're the devil in disguise,
                       Dm
Oh yes you are,
                          F   **Dm**
The devil in disguise, hm-mm-mm.

F
Verse 1   You fooled me with your kisses,
Dm
You cheated and you schemed.
F   **Dm**
Heaven knows how you lied to me,
         B♭   **C**   **F**
You're not the way you seemed.

F
Pre-chorus 2 You look like an angel, walk like an angel,
B♭   **C**
Talk like an angel, but I got wise.

N.C.   **F**
Chorus 2   You're the devil in disguise,
                       Dm
Oh yes you are,
                          F   **Dm**
The devil in disguise, hm-mm-mm.

© Copyright 1963 Elvis Presley Music, USA.
Carlin Music Corporation.
All Rights Reserved. International Copyright Secured.

Wild In The Country

Words & Music by
Hugo Peretti, Luigi Creatore & George Weiss

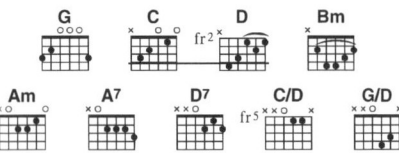

Intro | G | G ‖

Verse 1
       G   **C**
A rose grows wild in the country,
D   **G**
A tree grows tall as the sky.
                       C
The wind blows wild in the country,
      D   **C**   **D**   **G**
And part of the wild, wild country am I.

Bridge
     C   **Bm**   **Am**   **G**
Wild, wild, like the deer and the dove,
C   **Bm**   **A7**   **D7**   **C/D** **G/D** **D7**
Wild and free is this land that I love.

Verse 2
        G   **C**
A dream grows wild in the country,
D   **G**
A love grows tall as the sky.
                    C
A heart beats wild in the country,
      D   **G**
And here with a dream in my heart,
D   **C**   **D**   **G**
Part of the wild, wild country am I.
D   **C**   **D**   **G**
Part of the wild, wild country am I.

© Copyright 1960 Gladys Music Incorporated, USA.
Carlin Music Corporation.
All Rights Reserved. International Copyright Secured.

Verse 2

    F
    I thought that I was in heaven
Dm
  But I was sure surprised.
F   **Dm**
Heaven help me, I didn't see
  B♭ **C** **F**
The devil in your eyes.

Pre-chorus 3

  F
You look like an angel, walk like an angel,
B♭   **C**
Talk like an angel, but I got wise.

Chorus 3

N.C.   **F**
You're the devil in disguise,
      Dm
Oh yes you are,
            F   **Dm**
The devil in disguise, hm-mm-mm.

Solo

| F | F | Dm | Dm |
| F | Dm | B♭ C | F ‖

Chorus 4

N.C.   **F**
You're the devil in disguise,
      Dm
Oh yes you are,
            F   **Dm**
The devil in disguise, hm-mm-mm.

Coda

       F
‖: The devil in disguise,
     Dm
Oh yes you are. :‖   *Repeat to fade*